흙에서 식탁까지

흙에서 식탁까지

모두에게 이로운 먹거리 생각

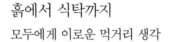

초판 인쇄 2022년 11월 10일

초판 발행 2022년 11월 15일

지은이 마크 뒤피미에

옮긴이 손윤지

펴낸이 조승식

펴낸곳 도서출판 북스힐

등록 1998년 7월 28일 제22-457호

주소 서울시 강북구 한천로 153길 17

전화 02-994-0071

팩스 02-994-0073

홈페이지 www.bookshill.com

이메일 bookshill@bookshill.com

ISBN 979-11-5971-448-1

정가 13,000원

*잘못된 책은 구입하신 서점에서 교환해 드립니다.

모두에게 이로운 먹거리 생각

흙에서 식탁까지

마크 뒤퓌미에 지음
손윤지 옮김

북스힐

오늘날 '밥상'은 우리에게 많은 질문을 던진다. 지난 50년간 거대한 농업 혁명을 겪으면서, 우리는 신체 건강에 대한 걱정뿐만 아니라 지구 환경에 대해서도 우려하기 시작했다.

우리가 먹는 과일과 채소에 살충제 성분이 남아 있지는 않을까? 그것이 암을 유발하는 건 아닐까? 유기농 제품은 건강에 더 좋을까? 유기농 제품은 돈이 있는 사람들만 먹을 수 있는 비싼 재료일까? 지구상의 물은 언젠가 고갈될까? 미래에 우리는 곤충을 식량으로 먹게 될까?

과거에는 관련 분야에 종사하는 전문가들만이 고민하던 질문들이었지만, 이제는 소비자와 일반 시민들의 몫이 되었고, 전문가들은 그들이 고민하고 행동할 수 있도록 신뢰할 수 있는 그 명백한 해답을 찾아 제공해야 한다.

이 책은 농업과 식량, 생태에 관한 주요 질문들의 답을 구할 수 있는 지식의 전달을 목적으로 한다. 해답이 언제나 정해져 있는 것은 아니지만, 주어진 상황과 정보들을 바탕으로 개개인의 의견을 형성할 수 있고, 그에 맞게 행동을 바꿀 수 있기 때문이다.

『흙에서 식탁까지』는 내가 아그로파리테크(전 프랑스국립농업경영대학)의 명예교수로 있는 수년 동안 학생들에게 가르치고 또 연구한 성과와 전 세계에서 진행했던 농업 관련 연구, 학회 및 강연에서 다루었던 내용들을 담은 것이다. 자주 받았던 질문들을 모아

독자들에게 그 답을 쉽게 전하고자 했다. 비교 농업학 분야의 창시자이자 나의 스승인 르네 뒤몽 선생님의 뒤를 이어, 나 역시 다학제적 연구를 추구하며 때때로 의학, 역사, 경제, 지리학 등의 분야와 접목을 시도해 왔다. 프랑스 생태학의 선구자 중 한 분이셨던 르네 뒤몽 선생님의 정신에 따라, 나 또한 내 안의 생태적 신념을 숨기지 않으려 한다.

내가 농업 생태학을 옹호하는 이유는 과학자이기 때문이다. 농업의 화학화 및 기계화가 우리의 건강과 환경에 미치는 유해함은 오늘날 이미 입증되었고, 우리는 이제 지구를 보호하면서 인류를 올바르게 먹여 살릴 수 있는 농법을 개발하기 위한 지식과 기술을 갖게 되었다.

나는 근거가 명백한 데이터와 확인된 사실, 그리고 이러한 지식을 대중에게 전파해야 할 필요성만을 믿는 농학자, 과학자로서 농학 발전 및 연구에 기여코자 한다. 모든 국민과 소비자들이 우리의 농촌과 밥상에서 일어나고 있는 일들을 명확하고 신뢰할 수 있는 눈으로 바라 볼 수 있도록, 이 책이 도움이 되기를 바란다.

마크 뒤퓌미에

목차

01 글리포세이트는 발암물질인가?

  글리포세이트는 소위 '광범위' 제초제로, 철로나 도로 옆, 또는 공원이나 개인 정원에 무성히 자란 '잡초'[1]를 제거하기 위해 쓴다. 오늘날 전 세계에서 가장 많이 팔리는 제초제가 바로 글리포세이트다. 1970년대, 미국의 농업생물공학 기업 몬산토Monsanto가 특허를 받아 출시한 '라운드업Roundup'이라는 브랜드명의 글리포세이트는 바이엘Bayer, 신젠타Syngenta, 바스프BASF를 비롯한 전 세계의 다국적 종합화학 회사들이 효과를 증가시키기 위해 다양한 보조제를 결합하여 생산하는 상용화된 제초제다.

  글리포세이트는 제초의 효과가 매우 뛰어나서 전 세계 농업계에서 쓰이지 않는 경우가 거의 없기 때문에, 제초제에 포함된 화학물질에 내성을 가진 유전자를 주입한 유전자변형작물 재배가 더 증가하게 되었다. 즉, 농민들이 재배하는 유전자변형작물에는 영향을 주지 않으면서, 주위의 모든 잡초들을 다량으로 제거할 수 있다. 이로 인해 일부 농민들은 잡초를 땅에 묻기 위해 토지를 경작할 필

---

1   전문 용어로는 '외래 잡초'라고 한다. 즉, 가꾸지 않아도 재배 작물 주위에 자라는 여러 종류의 풀을 의미하며, 이 책에서는 편의상 '잡초'라고 하겠다.

요가 없는 일명 '보존농법'의 한 형태를 실행할 수 있도록 해준다. 즉, 더 이상 트랙터를 이용할 필요가 없으니 연료 소비를 줄일 수 있다. 또한 트랙터 사용을 중단하면 땅에 있는 지렁이를 보존할 수 있고, 경작된 토지의 부식도 크게 줄일 수 있다. 글리포세이트의 장점이라고 생각되는가? 섣불리 판단해서는 안 된다.

글리포세이트는 자연 생분해된다고 알려져 오랫동안 인체에 안전한 물질이라고 간주되어 왔다. 그러나 우리는 이제 글리포세이트의 주요 대사산물인 아미노메틸포스포닉 산AMPA이 내분비계 교란 물질이라는 것을 알고 있다. AMPA가 인체에 가하는 독성은 각 제조사가 글리포세이트의 효과를 높이기 위하여 사용하는 특정 보조제와 합성되면서 더욱 확대될 수 있다. 동일한 제초제 내에서 여러 화학 분자가 결합하며 발생하는 일명 '칵테일 효과'는 그동안 각 물질에 내포된 독성이 다른 분자들과 분리되어 평가되었던 탓에 오랫동안 간과되었다.

마스크나 옷 등 보호 장비를 제대로 갖추지 않고 일하는 농부들은 글리포세이트에 노출되는 첫 번째 희생자나 다름없다. 이들은 심각한 피부 발진이나 폐, 눈 등 신체기관의 손상을 입기 쉽다. 제초제를 살포한 지역의 근처에 거주하거나 제초제를 사용한 농산물(과일 및 채소)을 장시간 접촉하는 사람들도 원치 않는 피해를 입을 수 있다. 이에 따라, 프랑스 이블린Yvelines주의 페헤Perray를 비롯한 일부 지역에서 주거지나 학교 인근에서는 글리포세이트 살포를 금지하려는 시도가 있었지만 큰 성과는 없었다.

한편, 글리포세이트와 AMPA의 잔류물은 우리가 먹는 음식과 수돗물에서도 발견된다. 문제는 앞서 말했듯이 이것들이 내분비계 교란물질이라는 것이다. 남성들에게는 고환에서 생성되는 테스토스테론의 분비를 약화시켜 선천성 기형을 유발하고, 퇴행성 신경질환(파킨슨, 알츠하이머 등)의 조기 발병 및 각종 호르몬 의존성 암(림프종, 백혈병, 유방암, 전립선 암 등)을 유발한다. 많은 단체들과 피해자들은 글리포세이트를 비롯한 살충제가 이러한 질병을 유발하는 원인이라는 것을 입증하기 위해 캠페인을 벌이고 있다. 그러나 이를 증명하는 것에는 두 가지 문제가 있다. 첫째, 퇴행성 질환과 호르몬 의존성 암이 글리포세이트가 남아있는 음식물을 섭취한 직후에 반드시 나타나는 것은 아니라는 점이다. 1970년대부터 사용된 글리포세이트에 장기간 노출된 결과가 이제야 드러나기 시작했기 때문이다. 둘째, 통계학자들에 따르면 이러한 유형의 질병이 다양한 요인을 갖는 만큼 직접적인 연관성을 확인할 수 없다는 것이다.

바이엘, 본산토 등의 식물병충해 방제품을 생산하는 기업들에게는 아주 반가운 소식일 수밖에 없다. 통계적 관점에서 결정적인 연관성을 나타낼 수 있는 결과의 부재를 활용할 수 있고, 그들이 생산하고 판매하는 제품이 인체에 미치는 영향이 과학적으로 분명하게 입증된 적은 없다는 사실을 당당히 밝힐 수 있기 때문이다. 그렇다고 해서 이러한 화학 제품들이 인체에 위험하지 않다는 것도 아닌데 말이다.

과학적으로 '증명되었다'는 것과 '입증되었다'는 것은 결코 동일한 의미로 쓰이지 않는다. '증명되었다'는 것은 인과관계가 논리적으로 분명하다는 것을 의미하며, 이를 바탕으로 예측 모델을 설정할 수 있다. 반면, '입증되었다'는 것은 앞서 말한 예측 모델을 충분한 양의 샘플을 통해 상당한 시간 동안 현상을 관찰하고 결과를 도출하여 통계적으로도 검증했다는 것을 의미한다. 오늘날 내분비학자들은 명백한 입장을 취한다. 글리포세이트와 AMPA의 잔해가 우리가 먹는 음식과 식수에 남아서, 자궁에서 완전히 성장할 때까지 장기간 주기적으로 영향을 받게 되고 결국 암과 퇴행성 질환에 걸릴 위험이 더 높다는 것이다. 따라서 우리 미래 세대가 건강한 상태로 누리게 될 기대수명은 어린 시절 상대적으로 영향을 덜 받은 부모 및 조부모 세대보다 짧을 것이다. 통계학적 연구 범위에는 포함되지 못한다고 하더라도 과학적으로는 충분히 증명된 사실이다.

물과 토양에 남아있는 글리포세이트와 AMPA가 야생 동식물에 미치는 해로운 영향도 증명되었다. 특히 수중 생태계에 유독하기 때문에 많은 포유류의 위장 내 장애를 야기할 수도 있다. 또한, 글리포세이트로 인해 자연스럽게 발생하는 잡초들은 식물계의 전반적인 파괴로 인하여 많은 야생 동물들이 익숙하게 먹던 먹이를 빼앗기고 강제로 서식지를 옮기거나 죽게 된다.

결국, 글리포세이트에 내성이 있는 야생 식물종은 1990년대 말부터 유전자변형 옥수수, 대두 및 유채 작물에 제조제가 광범위 하게 살포되고 장기간 사용된 지역에서부터 나타나기 시작했다. 오늘날에는 캐나다 망초, 팔머 맨드라미, 알레프 수수를 포함하여 글리포세이트에 내성을 가진 약 38종의 식물이 있다. 농업 종사자들은 이제 이런 식물종들을 제거하기 위해 새로운 제조제를 사용할 수밖에 없다.

글리포세이트가 미치는 영향은 전반적으로 생태계에 유해하며 이와 관련해서는 학계에서도 더 이상 이견이 없다. 그러나 글리포세이트의 사용이 필수적인 것은 아니다. '잡초'의 확산을 줄일 수 있는 유해성이 덜한 대체재가 존재하기 때문이다. 잡초는 농부들이 가축의 사육과 농업을 밀접하게 연관시킬 수 있고, 지금보다 훨씬 더 다양한 경작물의 배합을 가능하게 할 수 있다. 또 다른 방법으로는 장기간의 작물 재배 기간 동안 일시적인 목초지를 마련하는 것이다. 우선, 잔디와 콩과 식물을 심어 밭을 경작한 다음 그곳에서 자란 잡초들과 함께 깎는 것이다. 3~4년 후 밭에 새로운 작물을 심을 때에는 '잡초' 종자들이 발아력을 유지하는 경우는 거의 없다. 농부들은 더 이상 원치 않는 잡초들의 침범으로 경작한 밭을 망치게 될까 두려워할 필요가 없는 것이다. 그러나 훨씬 더 많은 시간과 노력이 드는 농업생태학적 방법은 실행이 쉽지 않고 작물의 즉각적인 수확이 어렵기 때문에, 농부들은 이러한 경작법으로 전환하기 꺼려하는 것이다.

따라서, 우리 땅, 특히 미래 세대의 건강을 보호하기 위하여 이러한 대체 경작법을 시행하는 데에 농업종사자들이 관심을 가질 수 있도록 그들을 재정적으로 지원하는 것은 국가의 책임이다. 글리포세이트의 유해성이 통계적으로 입증되는 날까지 기다린다면 이미 너무 늦을 것이다.

02

음식에 숨겨진 화학물질과
암 환자 수의 증가는
상관관계가 있을까?

다이옥신은 공장식 축산업과 관련된 유기 오염 물질로, 우유나 계란 등에서 발견할 수 있으며 암, 생식기능 장애, 퇴행성 신경질환의 원인이 된다. 과일과 채소에는 우리의 호르몬 체계를 방해하는 살충제 성분이 포함되어 있다. 우리가 먹는 육류에는 가축에게 투여했던 항생제의 잔여물이 포함되어 있는데 인체의 마이크로비오타(장내 미생물)에 쌓여 우리가 치료를 위해 복용하는 항생제의 효과를 감소시킨다(이를 항생제 내성이라고 한다). 또한, 종양학자들은 비록 그 요인이 다원적이라고 하더라도 우유와 육류에 부차적으로 존재하는 호르몬이 인간의 생식 기능을 저하시킬 수 있고 특히 남성에게서 그 현상이 두드러진다고 말한다. 이러한 화학 분자들이 인체가 정상적으로 기능하지 못하도록 방해한다는 것은 과학적으로도 증명되었고 확립된 사실이다.

그러나 암이 발병하는 원인이 우리가 섭취하는 음식에 화학 물질이 존재하기 때문만은 아니다. 균형 잡히지 않은 식단은 인체를 더 약하게 만들기 때문에 병에 걸릴 가능성이 높아진다. 이렇듯, 붉은 육류는 과잉 섭취하고 섬유질은 과소 섭취하는 것과 대장암 사이의 강한 상관관계는 통계적으로도 입증되었다. 육류에는 존재하지 않고 건채소와 다른 음식물에는 포함되어 있는 섬유질은 음식물이 장내를 통과하는 것을 가속화하는 역할을 한다. 그러나 조기 결장암은 주로 배출 과정에서 배설물이 장 하부를 천천히 통과한다는 사실에 기인한다. 즉, 음식물 덩어리의 잔여물이 장내에 너무 오래 남아있는 것이 원인이다. 또한, 하버드 대학에서 2012년에 수년간 10만 명 이상의 사람들을 대상으로 진행한 연구[2]에 따르면, 육류를 매일 섭취하면 심혈관 질환으로 사망할 수 있는 위험이 증가(남성 18%, 여성 21%)하는 것으로 밝혀졌다.

살충제, 항생제 및 다이옥신에 노출되는 것을 줄일 수 있는 유일한 해결책은 바로 유기농 제품을 구입하는 것이다. 생각해보라. 밀폐된 공간에서 사육되는 가금류 사이에 발생할 수 있는 전염병을 예방하기 위해서 사육사들은 항생제를 강제로 투여한다. 유기농법에서는 질병이 발생했을 경우에 치료 목적으로만 사용한다. 이것이야말로 탁월한 방법 중 하나이다. 따라서 균형 잡힌 유기농 음식을 섭취한다면 발암 확률을 줄일 수 있을 것이다.

2   An Pan 외, "Red meat consumption and mortality", Journal of the American Medical Association. Harvard School of Public Health, HSPH, 2012.

03

제2차 세계대전 이후 인간의 전반적인 기대 수명은 여러 가지 요인으로 인해 증가했다. 우선, 소아질병 치료로 유아 사망률이 감소했고, 교통사고 발생과 산업재해 감소도 핵심적인 역할을 했다.

냉장고 개발과 식품 위생의 더 좋은 보관 방법 역시 기대 수명을 늘리는 요인이었다. 오늘날에는 식품에 표기된 유통기한을 준수하지만, 과거에는 더운 곳에 이틀 동안 보관되어 있던 마요네즈를 먹기도 했다. 중형 및 대형 식품 매장뿐만 아니라 시장에서도 식품을 신선하게 보관할 엄격한 의무가 있다. 우리가 먹는 음식의 위생적인 품질 보장에 관한 실질적인 진보가 있었고, 신선식품(육류, 우유, 과일)에서 발견되는 4종류의 병원성 박테리아(살모넬라균, 포도상구균, 대장균, 리스테리아) 퇴치는 더욱 효과적으로 이루어졌다. 식품 위생 및 보관에 관하여 국가에서 부과하는 일부 조치가 있는 반면 유럽 차원에서 비롯된 다소 관료적이고 엄격한 지침도 있으나, 적어도 우리가 만족할 만한 식품 위생법을 채택할 수 있게 되었다.

1960~1990년대 동안 우리가 소비하는 식품 위생 품질의 향상이 기대 수명을 늘리는 데 기여한 것은 맞지만 2000년대 이후 기대

수명의 증가 추세는 정체되었고 심지어 일부 산업국가에서는 감소하기 시작했다. 미국의 경우, 2014년 기준 78.9세였던 기대 수명은 78.6세로 감소했다. 유럽에서도 최근 동일한 현상을 관찰할 수 있다. 프랑스 여성 기대 수명의 경우, 2014년에는 85.4세였던 반면 2018년에는 85.3세로 감소했다.[3] 물론, 아주 근소한 차이의 감소세이지만 우리에게 경고하고 있는 것만큼은 분명하다. 인체생리학과 화학 분자의 작용에 대해 잘 알고 있는 독물학자 및 내분비학자들은 앞으로 몇 년 동안 더욱 두드러진 감소 추세를 예측하고 있다.[4]

문제는 바로 우리의 주변 환경과 섭취하는 음식에서 발견되는 내분비계 교란물질에 있다. 그중에서도 가장 위험한 것은 과일과 채소에 남아있는 살충제, 우유에 숨어있는 호르몬, 육류에서 발견되는 항염증제와 항생제들이다. 이러한 화학 물질들은 특히 우리 몸의 미네랄, 지방 및 당분의 균형을 조절하는 내분비계(췌장, 고환, 난소, 뇌하수체, 갑상선)의 많은 기능에 영향을 미친다. 이렇게 발생한 기능 문제는 당뇨병(혈당 과다), 심혈관 질환(정맥과 동맥에 지방 축적), 각종 암(전립선 암 등), 비만(지방 제거 어려움) 등을 유발한다.

더욱 우려되는 것은 건강한 상태, 즉 질병 및 기타 건강에 문제가 없는 상태의 기대 수명이 감소한다는 것이다. 내분비학자들은 음식과 물에 숨어있는 살충제에 장기간 노출된 젊은 세대의 경우 전쟁 후의 베이비붐 세대의 기대수명보다 10년은 더 감소할 것으

17

3   Tableaux de l'économie française, Paris, 2019. 프랑스 국립통계경제연구소INSEE

4   Expertise collective : INSERM, 〈살충제: 인체에 미치는 영향〉, Paris, 2013

로 예측한다. 현재 40세인 성인들과 특히 20세 이상의 남성과 여성들에게서 더욱 두드러질 것이다. 20대 여성의 경우는 특히, 자궁 속 태아 때부터 청소년기까지 꾸준히 살충제에 노출되었기 때문에 파킨슨병, 알츠하이머, 다발성 경화증과 같은 퇴행성 신경질환과 특정 호르몬 의존성 암(유방암, 전립선암, 백혈병, 림프종 등)에 걸릴 위험이 높다.

만일 이런 상황이 지속된다면 우리의 내일이 더 짧아질 뿐만 아니라 건강한 삶도 줄어들게 될 것이다.

04

프랑스 시골에는 여전히 맛 좋은 토마토가 생산된다. 직판 시
장(유통이 짧고 중개자 없음)과 AMAP와 같은 농업농민유지협회에
서는 찾아볼 수 있지만, 중형 및 대형 식품 매장에서는 거의 또는
전혀 찾아보기 어렵다. 마트에서 판매되는 토마토는 맛을 기준으
로 선정되는 것이 아닌 다음의 3가지 기준에 따라 선정된다. 쉽게
운반할 수 있고, 썩지 않아 오랫동안 보관할 수 있고, 알이 실해
야 한다.

이러한 기준에 따르면, 운송비용을 낮추기 위해 가능한 트럭에
많이 싣고 유통해야 하니, 각진 형태의 토마토라면 더 좋았을지도
모른다! 길쭉하거나 타원형, 원형 등 둥근 형태의 토마토는 덜컹거
리는 트럭에 실어 보관하고 이동하기 어려울 테니 말이다. 하지만
토마토의 진정한 가치는 그 품종과 모양, 그리고 맛에 있다. 그러나
길고 거대한 유통체계에서는 이 가치들 중 어느 것도 찾아볼 수 없
다. 토마토뿐만 아니라 이 같은 현상은 사과 유통에서도 마찬가지
이며, 사과의 맛도 상당히 균일해졌다.

생산 및 유통의 표준화 현상은 토마토와 사과의 경우에만 해당

하는 것은 아니다. 제2차 세계대전의 여파로 프랑스에서는 빵을 만들기 위한 600여 종의 박력분이 생산되었다. 오늘날에는 – 현재 생산되지 않는 일부 종은 유전자은행에 보관되어 있기는 하지만 – 그중 단 20여 종만 생산되고 있다. 분명한 것은 공장식 빵 생산을 위한 밀가루 생산의 조건이 마련되었다는 것이다. 바로, 가공의 용이성과 곰팡이 방지다.

농업학자, 유전학자 및 관련 전문가들에게 상당한 금액이 투자되어 파드칼레Pas-de-Calais 지역에서부터 카마르그Camargue까지, 다시 말해, 브르타뉴 지방에서부터 알자스 지방까지 프랑스의 모든 환경에 적응하여 생산될 수 있는 높은 잠재력의 유전정보를 가진 밀 품종이 선택되었다. 각 지역 환경에 맞추어 적응하고 성장해야 할 밀 품종의 성장 정보가 의도적으로 제거된 것이다. 결과적으로는 박력분과 다수의 곡물, 감자의 유전적 파괴라고 할 수 있다.

한편, 유기농 작물 생산업자들은 실용적 차원에서 작물의 다양화를 추구한다. 모든 종류의 살균제(기생충을 파괴하는 화학 물질) 사용을 금지하고 과일과 채소의 품종을 늘리는 데 관심이 있다. 한 군데에서 발생한 곰팡이가 반드시 다른 곳까지 증식되는 것은 아니기 때문이다.

우리의 밥상에서 더 다양한 풍미를 느끼고 싶다면, 과거 농업에서처럼 특정 토지 환경에 맞게 다양한 품종의 생산을 장려하고, 이런 유형의 농법이 다시 활성화될 수 있도록 관련 농업 단체 및 협회를 지원해야 한다.

05

겨울에 나는 딸기는 무엇이 다를까?

크리스마스에 딸기를 먹을 수 있다는 것은 얼마나 기쁜 일인가? 크리스마스를 즐기기 위해 먹는 각종 디저트와 케이크를 장식한 딸기들은 과거 오렌지의 자리를 대신하고 있다.

하지만 우리가 집에서 먹는 딸기들은 분명 우리의 식탁에서 멀리 떨어진 딸기밭에서, 때로는 하우스에서 재배된 것이다. 딸기 운송은 대부분의 경우 선박과 트럭을 이용해 이루어지기 때문에 화석 연료의 높은 소비는 물론이거니와 온실 가스 배출량도 상당하다. 우리의 식탁까지 배송된 딸기가 반드시 이러한 운송 방식을 요하는 것도 아니지만, 무엇보다 좋은 맛을 보장하는 것도 아니다.

제철인 5월보다 조금 이른 3월에 프랑스에서 소비되는 딸기의 대부분은 스페인 안달루시아 지역에서 생산된다. 이 딸기들은 프랑스에서는 사용이 금지되었지만 스페인에서는 승인된 살충제를 대량으로 사용하여 하우스 재배된다. 유럽연합의 살충제 관련 지침이 모든 국가에 동일하게 적용된 것은 아니기 때문이다. 딸기 하우스 농장은 도냐나 국립공원과 매우 가까운 위치에 있어서 하우스에서 사용되는 살충제와 살균제의 영향으로 국립공원의 환경도 피해를 입기 시작했다. 또한 살충제의 잔여물은 우리의 식탁에서까지 발견된다! 여기서, 우리는 이성적으로 생각해야 할 부가적인 위험성이 있다. 바로 딸기는 우리 아이들이 가장 좋아하는 과일 중 하나이며, 살충제에 들어있는 내분비계 교란물질은 유아에게 훨씬 더 해로운 영향을 미친다는 것이다. 그러니, 프랑스산 딸기가 재배되는 5월까지만 참자!

이것은 모든 과일과 채소의 생산과 소비에 적용되는 이야기로, 과일과 채소는 제철에 맞추어 섭취해야 한다. 부르키나파소에서 생산된 완두콩을 프랑스로 운송할 때 드는 높은 비용을 피하기 위해서라도 말이다. 또한 프랑스 본토에서 생산되지만 계절에 맞춰 생산되지 않는 농작물의 하우스 생산은 온실의 적정 온도를 유지하는 데에 상당한 비용이 든다. 제철 생산이 아닌 프랑스 온실에서 재배된 과일과 채소는 모로코에서 같은 생산품을 비행기나 선박으로 수입하는 것보다 7배 더 많은 양의 화석 연료(온실 운영에 필요한 에너지)를 필요로 하기 때문이다.

따라서 과일과 채소를 구입할 때는 생태학적 및 공중 보건상의 이유를 고려하여 계절성과 재배지의 근접성이라는 이 2가지 가치에 관심을 가져야 한다. 특히 우리 아이들이 학교에서 급식을 시작하게 될 때에는 더욱 주의를 기울여야 한다.

06

글루텐은 건강에 나쁠까?

우리는 글루텐이 무엇으로 구성되어 있는지 제대로 알지 못하면서 글루텐과 그 부작용에 대해 자주 이야기한다. 글루텐은 보통 밀가루, 보리, 호밀 등의 곡류에 포함된 단백질의 집합체다. 주로 빵에서 발견할 수 있으며, 시리얼이나 쿠키, 파스타, 레토르트 식품의 소스, 냉동식품 등에서도 발견된다.

글루텐은 빵의 발효를 돕는다. 40~50년 동안 프랑스에서는 글루텐이 풍부하게 들어있는 밀가루, 즉 '강력분'을 주로 사용했다. 강력분은 빵을 만드는 데 적합한 재료로 빵 반죽에 탁월한 밀가루다. 단백질, 특히 글루텐 성분이 부족한 밀가루는 동물 사료로 쓰이거나 개발도상국으로 수출된다.

오늘날 강력분은 과거보다 더 많은 글루텐이 함유되어 있다. 간혹 글루텐 알레르기 반응을 보이는 사람들도 있는데, 주로 유전적 요인인 경우가 많다. 소장에서 염증을 유발하거나 장의 내벽이 괴사되기도 한다. 이렇게 손상된 장은 비타민 B12, 철분, 칼슘 등 특정 영양소를 흡수할 수 없기 때문에 영양 결핍, 관절통을 야기하며, 심각할 경우에는 대장암을 유발할 수도 있다.

그러나 글루텐이 모든 사람에게 반드시 이러한 위험을 초래하는 것은 아니며, 경우에 따라서는 좋은 영향을 주기도 한다. 당뇨병 예방이 바로 그 예다. 글루텐에 대한 반응이 모든 사람들 사이에 동일하지는 않다. 그렇다고는 하지만 오늘날 밀가루에 들어있는 글루텐은 과거 밀가루 품종의 글루텐과는 단백질 구성이 달라서, 소화하는 데 시간이 더 오래 소요되고, 복부 팽만을 일으킬 수도 있다.

글루텐이 들어가지 않은 식품은 해당 알레르기 반응이 없는 소비자들 사이에서도 인기를 얻고 있다. 밀가루, 빵, 파스타 등을 대체하는 식품으로는 주로 쌀, 옥수수, 감자가 있지만 이것도 과도하게 섭취하면 비만과 당뇨병을 유발할 수 있다. 2016년 2월, 6천만 명의 소비자를 대상으로 한 조사에 따르면, 마트에서 쉽게 발견할 수 있는 일명 '글루텐 프리' 로고가 박힌 가공 식품들은 유화제 등의 화학 첨가물이 과도하게 포함된 경우가 많고, 영향학적으로도 불균형하다.

따라서, 의학적 권고 사항 없이는 '글루텐 프리' 식품을 먹지 않는 편이 더 좋다. 또한, 빵과 파스타 등 밀가루 음식을 섭취하지 않아도 좋으니, 글루텐은 포함되어 있지 않고 성분은 더 균형 잡힌 메밀이나 퀴노아 등으로 식단을 대체하는 것이 좋다.

07

수돗물과 페트병에 담긴 물 중 무엇이 더 나을까?

수돗물은 공공의 목적으로 엄격한 관리하에 장기적으로 인체에 끼칠 수 있는 모든 만성적인 피해를 제거하기 위해 모든 미생물, 질산염, 중금속, 독성 물질이 없도록 처리된다. 이론적으로 수돗물은 체질, 침전, 여과, 오존에 의한 산화 과정 등을 거치기 때문에 우리의 건강에 어떠한 위험도 야기하지 않는다. 수돗물에는 염소를 첨가하는데, 이는 간혹 표백제의 불쾌한 냄새가 나지만 수도관을 타고 물이 흐르는 동안 세균에 오염되지 않도록 완벽한 품질을 보장하기 위함이다. 프랑스 소비자협회UFC-Que choisir가 2012년 보건부의 분석 결과를 기반으로 수행한 조사에 따르면, 프랑스 국민의 98%는 연중 내내 프랑스 법률로 적용된 유럽연합의 규정에 따라 처리된 수돗물을 사용할 수 있다.

그렇다고 해서 수돗물에 질산염이나 농약 성분이 전혀 포함되어 있지 않다는 의미는 아니다. 미국 소비자연구소INC가 2013년 4월 6천만 명의 소비자를 대상으로 진행한 또 다른 연구 조사 결과에 따르면 수돗물 샘플의 약 70%에 많게는 4가지의 살충제가 존재한다고 밝혀진 바 있지만, 우리가 매일 마시는 물에 포함된 양은 리터당 0.5마이크로그램 이하이며 그 이상일 경우는 식수로 분류되지 않는다. 따라서 다른 음식물을 통해 섭취하는 살충제의 양이 훨씬 더 많다.

산업형 농업이 지배적인 집수 지역에서 오는 물의 식수화 작업 비용은 지속적으로 증가하고 있고, 현재는 1헥타르당 800~2,400유로에 해당한다. 즉, 물 생산량 및 지역에 따라 헥타르 당 농업 부가가치는 절반에서 2배까지 차이난다. 식수화 비용이 수돗물 가격의 약 40%를 차지하는 것이다! 시행 중인 규정을 더 이상 준수하지 않는 프랑스 2,750개의 지자체에서 물 오염은 주로 1997년부터 사용이 금지된 제초제 아트라진을 포함한 소량의 질산염과 살충제로 인해 발생한다. 그렇기 때문에 각 기관에서는 페트병에 담긴 미네랄워터나 생수를 마시기를 권장하는 것이다. 문제는 이런 물들이 수돗물보다 100~300배가량 가격이 더 비싸다는 점이다. 한편, 페트병에 담긴 물은 플라스틱에 포함된 비스페놀A로 오염되기도 했었지만 오늘날에는 더 이상 해당되지 않는 것으로 추정된다. 페트병에 든 생수를 소비하면 연간 한 가족당 2~3m³가량의 플라스틱 폐기물이 발생한다는 사실을 잊지 말아야 한다. 친환경적이지 않다는 것이다!

최근 들어 생수 회사들에게는 걱정거리가 생겼다. 2013년 4월 6천만 명의 소비자를 대상으로 조사한 결과에 따르면, 연구의 분석 대상이었던 페트병 생수의 78%에서는 발견하고자 했던 85개의 오염 물질은 포함되어 있지 않았지만, 인체에 매우 유해한 합성 제초제인 아트라진을 포함한 소량의 오염 물질이 발견되었다. 충격적인 것은 유방암 치료에 사용되는 항에스트로겐인 타목시펜이 검출되었다는 점이다. 그러나 연구결과 보고서는 이러한 소량의 물질들이 식수에서 문제를 일으키지는 않는다고 명시한다.

만일의 위험성을 방지하기 위해서 비텔Vittel, 플랑코에Plan-coët 등의 생수 회사는 집수 지역에서 질소비료나 살충제를 사용하지 않는 농부들에게 보상금을 지급을 약속했다. 농업 활동에서 발생하는 오염 물질이 지속적으로 증가하자 독일 뮌헨에서는 1991년에 이미 집수 지역의 모든 비산림 지역에서 유기농법을 장려하기 위한 예방 조치의 필요성을 인지한 바 있다. 약 100여 명의 농부들은 해당 조치가 실행된 후 6년 동안 연간 1헥타르당 약 275유로의 지원금을 받았고, 이후 12년 동안은 연간 230유로를 지원 받았다. 뮌헨의 지방자치단체에서도 유기농법으로 생산되었다는 인증을 부여했다. 오늘날 뮌헨에서 생산되는 물에는 리터당 단 8mg(유럽연합의 표준은 50mg)의 질산염이 포함되어 있으며, 리터당 0.03마이크로그램(유럽연합의 표준인 0.5마이크로그램보다 16배 이상 적은 양) 미만의 살충제가 포함되어 있다.

몇 가지 예외를 제외하면 수돗물은 우리가 마실 수 있는 것처럼 보인다. 단기적인 차원에서라면 크게 걱정할만한 것은 아니겠지만, 뮌헨의 사례를 모델로 삼아 프랑스의 약 3만 4천 곳의 집수 지역에서 유기농법을 장려하는 편이 좋지 않을까?

08

지구온난화가
와인 산업에 영향을 미치게 될까?

오늘날 포도농업 종사자들은 25년 전보다 평균 10일을 앞당겨 포도를 수확한다. 바로 지구온난화 때문이다. 이렇게 조기 수확된 포도는 와인의 품질에 영향을 미칠까? 그리고 포도를 숙성하는 데에 어려움이 있을까?

여름 날씨가 점점 더워질수록 와인의 알코올 함량이 높아지고 빈티지가 좋아진다. 그렇기 때문에 지구온난화로 인해 더 낮은 품질의 와인을 생산한다고 주장하는 것은 역설적으로 보일 수 있다. 그러나 저명한 북아메리카의 한 과학전문지에서 제시한 예측 모델에 따르면 2050년경에는 주요 포도 재배 지역 중 일부는 포도의 품질이 저하될 것이고 결국 포도 농업을 포기해야 할 것이라고 한다.

생태학 및 생리학적 측면에서 예측 모델의 그래프는 시간이 지나면서 반전되는 것이 일반적이다. 처음에는 상승 곡선을 그리다 급격히 하강하는 것이다. 이것이 바로 해당 과학전문지에서 밝힌 내용이다. 유럽에서 포도 재배에 적합한 지역은 지난 35년 동안 약 68% 감소할 것이고, 남은 지역에서 생산되는 포도로 만든 와인의 품질도 저하될 것이라는 예측이다. 여기에는 유명 포도 산지 보르도Bordeaux와 코트뒤론Côtes-du-Rhône이 포함되어 있다. 근본적인 문제는 포도를 수확한 후 유통되는 과정에서 숙성된다는 것이다. 빛과 온도가 점점 더 높아질수록 포도의 광합성도 활발히 일어나고 과육의 당도도 더 풍부해진다. 이렇게 숙성된 포도를 발효시켜 만든 와인은 알코올 함량이 높다.

와인의 품질은 당도와 알코올 함량으로만 결정되지 않는다. 포도를 수확하고 숙성하여 발효시킨 모든 과정 끝에 생성된 타닌의 함량과도 관련이 있다. 그런데 기온이 상승할 경우에는 포도 껍질에 있는 타닌(폴리페놀이라고도 한다)의 함량이 처음에는 향을 증가시켰다가 점차 감소시킨다. 결국 타닌의 농도가 와인 향기의 품질 향상에 영향을 주며, 지구온난화가 악화될 경우 품질 하락으로까지 이어진다. 앞서 언급한 과학전문지에서 북미 연구팀이 게재한 "2050년까지 기후변화가 주요 와인 생산지의 포도 품질을 크게 저하시키지 않는 이유"라는 제목의 짧은 기사에 대해 유럽의 연구원들은 이렇게 답변했다. 예상과는 달리, 북미 연구팀의 예측에 의문을 제기하지 않고, 오히려 포도 농장에서 포도의 품종을 바꾸고 개량하는 등의 방법으로 해결책을 찾을 것이라며 의견을 보충한 것이다. 미래의 포도 농사에 대해서도 혼란에 빠질 필요가 없다는 것이다. 행운이 따르길 바라본다.

또 다른 해결책도 있다. 와인 재배 지역을 더 고도가 높은 북쪽으로 옮긴다는 것이다. 이러다 언젠가 영국에서─정말 가능할까?─최고급 빈티지 와인이 생산될 수 있을지도 모른다! 프랑스인들에게 분명 두려운 소식이겠지만, 영국인들이 와인 산업에 큰 관심을 갖기 시작한 것은 사실이다. 중세시대 유럽 곳곳에 포도밭이 있었던 것은 아니지 않은가? 과거에는 포도가 생산되지 않았던 지역에서 포도를 생산하는 것은 이제 더 이상 어려운 일이 아니다. 그러나 그렇게 생산된 포도가 좋은 와인 생산으로 이어질 것인지는 진지하게 고민할 필요가 있다.

와인 산업은 또 다른 위협에 직면해있다. 아마도 지구온난화보다 훨씬 더 심각할 것이다. 바로 포도에서 검출되는 잔류 농약이다. 뒤베르네Dubernet 연구소에서 2015년에 발표한 연구조사 결과에 따르면, 와인에는 살균성 화학 분자가 상당량 포함되어 있다. 포도나무에 생기는 노균이나 오이듐균과 같은 병원성 세균이 쉽게 번식하는 포도밭 경작의 전문화가 부재하기 때문이다. 프랑스 농경지의 단 3.7%만을 차지하는 포도밭에는 토지에 사용되는 총 살충제 양의 20%가 쓰인다. 유기농 와인이라고 해서 완전히 안전한 것은 아니지만, 평균 살충제의 함량은 다른 와인보다 무려 12배 낮다.

09

왜 매일 5가지 색깔의
과일과 채소를 골고루 먹어야 할까?

바쁘게 살아가는 일상에서 아침에는 오렌지나 키위를, 점심에는 채소 샐러드와 설탕에 절인 과일을, 저녁에는 채소 수프와 과일 한 가지를 챙겨 먹는다는 것은 실천하기 아주 어려운 일이다. 일부 식품 광고에서 볼 수 있듯이, 하루에 5가지 과일과 채소를 섭취하는 것은 당연한 규율처럼 여겨진다. 과일과 채소에는 다양한 비타민이 함유되어 있는데, 그중에서도 비타민 C가 풍부하며 근육 뭉침을 해소해주는 알칼리성 미네랄, 칼륨, 항산화제 역할을 하는 폴리페놀, 포만감을 주고 장의 움직임을 활발하게 해주는 섬유질 등이 포함되어 있다. 게다가 당분 섭취도 과도하지 않다. 체리 3개, 딸기 2개가 포함된 과일 요구르트로는 결코 대체할 수 없는 영양분이다.

과일과 채소를 먹을 때는 껍질을 너무 두껍게 벗기지 않는 것이 가장 좋다. 미량 영양소의 대부분이 껍질에 농축되어 있기 때문이다. 그러니, 껍질에 잔류한 살충제를 깨끗하게 제거하기 위해서는 흐르는 물에 빠르게 세척해야 한다. 가장 좋은 방법은 유기농 과일과 채소를 구입하는 것이다.

안타깝게도 현재 우리의 라이프 스타일에서 이러한 식사 습관을 적용하기란 쉬운 일이 아니다. 마트에서 장보기, 요리, 채소와 과일의 껍질을 제대로 씻어서 벗길 시간은 언제나 부족하다. 채소수프나 설탕에 절인 과일 같은 것을 준비하려면 하루 일과를 모두 마치고 지친 몸으로 저녁에 집에 돌아와 준비해야 하니 말이다.

바쁜 일상을 사는 사람들이 알고 있어야 하는 것은 냉동 채소와 과일에는 비타민이 꽤 풍부하고 인체에 필요한 섬유질과 미네랄이 모두 유지되어 있다는 사실이다. 그러나 캔에 담긴 통조림 과일이나 채소의 경우는 그렇지 않다. 완두콩 통조림의 경우 섬유질은 풍부하게 남아있는 반면 비타민은 전부 파괴되었기 때문이다. 단맛이 매우 강한 농축 과일 주스나, 나트륨이 과도하게 함량 되어 있는 토마토소스 기성품도 주의해야 한다. 과일과 채소 섭취의 이점에 대한 인식은 천천히, 하지만 현실적인 방법으로 확산되고 있으며, 하루에 다섯 종류를 먹도록 지속적으로 상기시키는 캠페인의 효과가 차츰 나타나고 있다. 이는 특히 대도시에서 쉽게 발견할 수 있다. 생채소나 렌틸콩, 퀴노아 등으로 만든 다양한 샐러드와 – 값이 비싸지만 – 생과일주스를 판매하는 식당들도 많아졌으니 말이다.

마지막으로, 하루에 5가지 맛을 즐기는 즐거움을 추구하고, 가능하다면 같은 채소나 과일을 연속으로 다섯 번 섭취하지 않도록 하는 것이 중요하다.

10

우유는 건강에 해로울까?

프랑스 우유소비연맹Syndilait에 따르면, 프랑스인들의 우유 소비는 점차 감소하는 것으로 나타났다. 2003년 연간 1인당 우유 소비량은 평균 61L였던 반면, 2017년에는 49L로 감소한 것이다. 우유는 과거에 높은 칼슘 함량으로 골다공증을 예방할 수 있다는 이점 때문에 각광받았지만 지금은 더 이상 그렇지 않다.

프랑스인들이 우유 섭취가 줄어든 이유에 관해서는, 우유에 들어있는 유당에 대한 알레르기 반응이 자주 언급된다. 실제로 일부 사람들은 유전적 이유로 유당을 제대로 흡수 및 소화하지 못한다. 이러한 알레르기 반응은 소수의 사람들에게 나타나는 것인데, 오히려 유당이 없는 요구르트나 치즈, 발효유를 마시지 않는 태도로까지 이어지고 있다.

한편, 우유와 치즈에 혈액을 산성화하는 단백질이 포함되어 있다는 사실을 아는 사람은 거의 없다. 혈액의 산도를 조절하기 위해, 우리 인체는 뼈에서 칼슘 및 기타 알칼리성 미네랄 성분을 저장한다. 우유를 너무 많이 마실 경우에는 오히려 모순적이게도 칼슘이 소실될 수도 있다! 또한 너무 짠 치즈도 이런 상황을 악화시키기 때문에 피하는 것이 좋다. 임산부 또는 모유 수유 중인 여성과 노인의 경우에는 칼슘 부족 및 골다공증의 위협에 가장 많이 노출되어 있는데, 이는 식사에서 칼슘이 부족해서도, 인체에 산성도가 높아서도 아니다. 그러니, 우유를 많이 마셔야 한다는 생각은 멈추어야 한다. 하루에 우유 2잔, 또는 우유 1잔과 치즈 1조각으로도 충분하다. 그 이상은 과섭취하는 것이다!

혈액의 산성화는 우유 이외의 단백질은 섭취하지 않고 오직 우유만 마실 때 악화된다. 우유를 넣은 카페라테 등의 음료를 매일 아침 한 잔씩 마신다면 언젠가 골다공증이 발생할 위험이 높아진다. 따라서 다양한 성분의 음식물을 동시에 섭취해야 한다. 예를 들어, 빵, 과일, 채소 등을 함께 섭취하여 우유 단백질이 야기하는 산성화 효과를 중화시킬 수 있다.

또한, 칼슘을 적절하게 흡수하기 위해서는 우리 몸에 마그네슘이 충분히 있어야 하는데, 우유에는 상대적으로 적은 양의 마그네슘이 들어있다. 다행히, 초콜릿에 마그네슘이 다량 함유되어 있으니 대신 섭취하면 된다.

마지막으로, 우유와 유제품에는 육류와 마찬가지로 일명 '나쁜 지방'이라고 불리는 포화지방산이 함유되어 있고, 이는 심혈관 질환(뇌졸중, 심장마비 등)을 유발할 수 있는 나쁜 콜레스테롤을 유발한다.

따라서, 뼈에 칼슘을 공급하기 위해서 우리는 우유를 대신할 수 있는 식품에 관심을 기울여야 한다. 생선이나 ─ 물론 유기농 또는 자연산 생선을 섭취하여 중금속이나 항생제에 대한 노출을 줄여야 한다. ─ 견과류(콩, 호두, 아몬드), 채소류(시금치, 브로콜리, 말린 콩, 대두), 콩을 발효시켜 만든 두부나 두유, 콩 치즈, 칼슘이 풍부한 과일(오렌지, 살구) 등이 그 예다. 감귤류와 같은 구연산칼륨이 풍부한 과일이나 채소도 칼슘, 마그네슘, 인이 풍부하기 때문에 알칼리화하는 데 효과가 있다.

유제품을 즐겨 먹는 사람들의 경우에는 2가지를 주의해야 한다. 칼슘이 풍부한 다른 음식을 적당량 섭취해야 한다. 영양분이 더 풍부한 염소나 양의 젖에서 얻은 유제품을 젖소에서 얻은 우유를 대신해 섭취하는 것도 건강에 더 이로울 수 있다.

11

생선에는 중금속만 들어있을까?

생선을 먹는 것이 건강에 좋다는 이야기를 자주 들었을 것이다. 적당한 에너지원으로 여겨지는 생선은 필수 아미노산, 여러 비타민(A, B, D, E), 인, 다양한 미량원소(요오드, 셀레늄, 구리 등), 풍부한 단백질이 포함되어 있다. 영양관리사들은 망막, 신경계, 뇌와 인지 능력의 발달을 보장하고, 심혈관의 건강 상태를 개선하여 동맥 경화를 방지하고 심장병의 위험을 낮추는 오메가3가 풍부한 기름진 생선을 섭취하도록 권장한다. 전문가들의 조언에 따라, 많은 소비자들은 포화지방산이 많은 붉은 육류보다 (프랑스에서는 1인당 연간 육류 소비량이 1990년대 이후 약 4분의 1가량 감소했다) 기름진 생선 섭취를 선호한다.

그러나 오늘날 지구상의 바다와 대양은 산업 폐수로 오염되어 물고기들도 중금속과 특히 폴리염화비페닐PCB, 수은 등에 오염되는 경우가 많기 때문에, 우리의 건강을 위해 생선을 섭취하는 것이 이롭다는 기존의 담론에 대한 논의가 다시 요구된다. 이런 중금속과 화학 물질들은 수중 생태계의 먹이사슬 구조에 따라 오염된 새끼 물고기들을 잡아먹는 황새치, 상어, 참다랑어, 도미 등과 같은 몸집이 큰 물고기의 몸속에 더 축적되어 있다.

문제는 인간의 몸속에 들어온 수은이 점차 중추 신경계를 손상시킬 수 있다는 것이다. 심지어는 마비 증세로 이어지는 퇴행성 신경질환인 샤르코-마리-투스 병을 유발할 수도 있다. 실제로 기름진 생선을 자주 많이 섭취한 사람들에게서 발병 사례가 높은 것으로 나타났다.

물론 모든 바다 속 모든 물고기가 이처럼 오염된 것은 아니다. 오염의 위험성은 산업 지역에 접해있는 내해(內海)에서 가장 높게 나타난다. 그렇기 때문에 청어, 고등어, 정어리, 붉은 숭어, 도다리, 신선한 자연한 대구, 유기농 연어, 마다가스카르산 새우를 비롯한 갑각류는 큰 걱정 없이 먹을 수 있다.

역설적인 것은 인체 건강에 이롭고 오염 가능성은 적은 일부 자연산 어종의 과한 포획을 막기 위해 최근 수십 년 동안 양식업이 상당히 발전했다는 점이다. 양식업은 기존의 돼지고기와 가금류의 공장식 축산업에서 방법을 차용했다. 물고기들은 밀폐된 공간에 갇혀, 공장에서 생산된 어류 양식에 적합하지 않은 농축 사료(밀가루, 곡물, 대두, 곤충, 소량의 물고기를 혼합한 사료)를 먹는다. 양식되는 물고기들은 어류의 종류나 나이에 따라 분류된다. 물고기 부화장, 어린 어종을 한정된 크기의 공간(못, 저수지, 가두리 등)에서 가능한 몸집을 비대하게 만들기 위한 양식장도 있다. 양식장에서는 전염병 또는 기생충으로 인한 질병의 발생을 예방하고 확산을 방지하기 위한 예방 조치도 이루어진다. 예방과 치료의 목적으로 쓰이는 약물들의 과도한 사용은 공장식 축산업의 동물들에게서 관찰되는 효과와 마찬가지로 양식 물고기들에 영향을 미친다.

다시 말하면, 우리가 먹는 생선들이 중금속에만 오염된 것이 아니라는 점이다. 중국의 수많은 양식장을 비롯하여 예방의 목적으로 항생제 사용이 일반화된 양식업으로 키운 물고기들의 몸속에는 그 잔여물이 남아있다. 이는 인체 건강에 해로운 영향을 끼칠 수 있고, 특히 생선을 많이 섭취하는 사람들에게서는 항생제 내성을 증가시켜 경우에 따라 위장염, 살모넬라증 환자에게 처방되는 항생제인 콜리스틴에 대한 내성반응을 일으킬 수도 있다.

최근 양식업에서는 항생제나 살충제를 과도하게 사용하지 않는 대체 방법이 등장했다. 노르웨이 피요르드의 가두리 양식장에서 자라는 연어는 유독 바다 기생충에 노출될 위험이 높은데, 이를 막기 위해서 양식장에 '청소 물고기'를 투입하여 바다기생충을 모두 잡아먹도록 하는 방식을 도입했다. 그러나 이러한 시도는 실효성이 크지 않고, 살충제의 잦은 사용을 완전히 저지하지는 못했기 때문에 여전히 우리 밥상에 오르는 연어에는 살충제의 잔여물이 남아 있을 수 있다.

생선을 건강하게 섭취하기 위해서는 우리가 먹으려고 선택한 생선 어종의 원산지와 어업 방식에 관심을 갖고 살펴보아야 하며, 유기농 생선을 선택하는 것도 좋은 방법이라고 할 수 있겠다. 수산시장에서 볼 수 있는 유기농 생선도 양식어이긴 하지만 덜 제한된 공간에서 항생제나 살충제를 사용하지 않고 양식되었기 때문이다.

12

우리는 육류를
너무 많이 먹고 있는 걸까?

영양학자들과 식품영양관리사들은 프랑스인들의 식탁에 동물성 식품이 차지하는 비중이 상당히 높다고 지적한다. 붉은 육류와 가공 육류를 비롯하여 1인당 연간 66kg가량의 육류를 소비하다보니 포화지방산은 과도하게 섭취하고 오메가3 섭취는 매우 부족하다. 육류의 '나쁜 지방'과 특정 종류의 콜레스테롤은 심혈관 질환(뇌졸중 및 경색)과 비만의 원인으로 꼽히기도 한다.

육류는 섬유질 함유가 부족하기 때문에 장의 활동을 저하시키는데, 이는 동물성 식품의 과도한 섭취와 대장암 사이의 관련성을 설명하는 요인이다. 따라서 육류를 적당히 섭취하고, 콩과 식물(렌틸콩, 완두콩, 병아리콩 등)과 식물성 지방(호두, 올리브, 유채 기름 등)을 대신 섭취해야 한다는 것은 분명한 사실이다.

인간의 과도한 육류 소비로 인해 발생하는 또 다른 문제는 바로 전 세계 곡물 생산의 상당량이 동물 사료로 소비된다는 것이다. 프랑스에서는 농업용 토지의 70%가 축산업을 위해 쓰이고 있다. UN 식량농업기구FAO의 조사 결과에 따르면 전 세계 농토의 80%가 그렇다고 한다. 인간이 먹을 수 있는 곡물, 농작물의 뿌리, 콩과 식물,

다단백질 식물들은 실제로 가축의 먹이로 쓰인다. 즉, 부유층이 즐겨 소비하는 육류 생산을 위해 빈곤층과 기아문제를 해결하는 데 도움이 되는 농작물을 가축 사료로 쓰고 있는 셈이다.

전 세계적으로 육류 소비가 증가하면서, 특히 붉은 육류 생산의 증가 현상은 환경에 심각한 위협을 가하고 있다. 소, 양, 염소 등 반추 동물들이 되새김질 하는 과정이나 가축들의 배설물을 저장하는 과정에서 발생하는 메탄은 전체 지구 온난화의 약 10%를 차지한다. 우리가 벌이는 산림 파괴, 또 가축의 사료로 쓰이는 작물 – 대부분 콩과 식물 – 생산을 위해 숲이 우거진 사바나 지역과 열대 지방의 목초지를 벌목하는 과정에서 발생하는 이산화탄소 배출량은 25%에 달한다. 이러한 현상은 특히 라틴 아메리카 지역에서 나타난다.

그렇다고 해서 모든 형태의 축산업을 지구온난화의 주범으로 비난해야 할까? 여러 측면으로 보아, 대답은 '아니오'다.

전 세계 1인당 육류 소비는 지난 반세기 동안 거의 2배 이상 증가했고, 오늘날 많은 신흥 발전국가(중국, 브라질, 멕시코 등)에서 새롭게 등장한 중산층의 구매력이 높아짐에 따라 식생활 패턴 역시 선진국을 따라 변하여 육류 소비량은 마침내 평균 43kg에 도달했다. 극심한 빈곤에서 이제 막 벗어난 저개발 국가들이 고기, 우유, 계란 등을 쉽게 얻을 수 있게 되었다는 것은 반가워해야 할 일 아니겠는가?

한편, 양이나 소, 염소 사육을 위한 토지는 농업용으로 경작할 수 없다. 수많은 유목민 또는 반유목민들에 의해 이루어지는 목축

농업은 주기적으로 가축들을 거대한 방목지부터 사헬의 반불모지 같은 대초원, 바람이 부는 몽골의 초원, 계절마다 얼어붙은 높은 안데스 산맥의 잔디밭까지 이동시킨다. 반추 동물을 포함한 다른 가축들은 농사가 가능한 지역에서 방목되어 자라지만 생태계의 지속 가능성을 유지하기 위해서는 초원에서 기르는 것이 가장 좋은 방법이다. 가축을 기르는 사육사들도 우리에게 엄청난 편의를 제공할 수 있다. 오트사부아 지역에서 품질이 좋은 우유와 맛이 훌륭한 치즈를 얻을 수 있는 소와 암양을 사육함과 동시에 자연 스키 슬로프를 보존할 수 있다. 가축들이 억센 풀을 뜯어먹어 잔디를 고르게 하고, 눈이 내려 소복이 쌓이면 눈사태의 위험을 줄이기 위해 목장에 가축들을 묶어 놓는다. 스키장에서는 잔디를 깎기 위해 기계를 사용하지 않아도 되니 자연스레 화석 연료 사용의 감소로 이어질 수 있다. 진정한 선순환 아닌가!

파리 분지 또는 대두나 사탕수수를 단일 새배하는 브라질 중부 지방 등 농업이 주로 이루어지는 다른 지역에서는 가축 사육을 위해 일시적으로 작물 재배를 하는 식으로 초원을 바꾸는 것도 좋은 방법이다. 두 가지 이점이 있는데, 첫째는 화본과 식물(볏과의 한해살이, 오리새, 참새귀리속 등)을 심어 부식토를 만들 수 있고, 둘째는 콩과 식물(클로버, 개자리속, 잠두 등)을 심어 토양에 질소를 공급하여 비옥하게 하는 것이다. 이렇게 만들어진 토지는 가축 사육을 위해 다시 쓰일 수 있기 때문에 우리는 초원을 처음 사용했던 방식으로 돌아갈 수 있다.

물론, 적절한 정도로 토지의 재사용이 이루어져야 하며, 모든 형태의 축산업을 억제하는 것은 옳은 방법이 아니다. 우리가 의문을 제기하고 관심을 가져야 하는 부분은 육류의 과소비와 국가 간 소득 격차의 관계이지, 축산업 자체가 아니다.

13

채식은
건강에 도움이 될까?

건강을 올바르게 유지하기 위한 필수적이고 완벽하게 균형 잡힌 식단에는 탄수화물(당분, 전분), 단백질, 지방, 비타민, 미네랄, 식이섬유, 항산화물질 등이 포함된다.

하지만 흔히 '비건vegan'이라고 하는 채식주의자들, 즉, 모든 동물성 제품(고기, 생선, 계란, 우유 등)의 소비를 피하는 사람들이 이렇게 균형 잡힌 식생활을 한다는 것은 거의 불가능하다. 특히 2가지 필수 비타민의 결핍이 발생한다. 칼슘 유지에 필수적인 비타민 D, 뇌와 신경계 기능에 필수적인 비타민 B12가 바로 그 주인공들이지만 채식주의자들은 거의 섭취하지 못한다. 비타민 D와 특히 비타민 B12의 결핍을 채워주기 위해 건강기능식품 등 보조제를 따로 챙겨먹지 않는 채식주의자들에게는 실제로 골다공증이나 빈혈 같은 심각한 질병이 발생한다.

반면에 비타민 D와 비타민 B12가 풍부한 우유와 계란은 섭취하는 채식주의자들은 조금 복잡해 보이지만 비교적 균형 잡힌 식생활을 유지할 수 있다. 영양분을 골고루 섭취하는 채식 식습관을 위해서는 곡물이나 특히 콩과 식물(완두콩, 병아리콩, 강낭콩, 렌틸콩 등)에 속한 채소들을 포함한 식단을 활용하는 것이 좋다. 콩과 식물에는 질소가 풍부해서 식물성 단백질 뿐만 아니라 필수 녹말당 성분의 균형을 가져다준다. 콩과 식물에 포함된 약간의 기름성분도 좋다. 유채, 콩, 올리브에서 추출한 기름의 경우 특히 좋다. 잊지 말아야 할 것은 비타민, 식이섬유, 미네랄을 신체에 공급하기 위해서 매일 5가지 종류의 과일과 채소를 꼭 섭취해야 한다. 앞서 말한 필수 비타민을 보충하기 위해서는 우유와 계란을 조금 섭취해주는 것이 좋다.

채식주의자들이 가진 어려움이 있다면 단백질에 포함되어 있는 필수 아미노산의 균형을 유지하는 것이다. 이름에서 알 수 있듯이, 아미노산은 근육, 혈액, 뼈를 구성하는 필수 요소다. 우리 몸에서 자연히 합성되는 성분이 아니기 때문에 필수적이라고 하는 것이며, 따라서 아미노산은 음식을 통해서 반드시 얻어야 한다. 대부분은 동물성 제품, 특히 고기나 생선 섭취를 통해 얻을 수 있다. 콩이나 퀴노아 같은 일부 콩과 식물에서 소량으로 얻을 수도 있다. 그렇기 때문에 채식주의자들은 아미노산을 충분히 섭취할 수 있도록 주의하고 콩에서 파생된 2차 제품(두유, 두부 등)을 더 섭취해야 한다.

고기를 섭취하면 칼슘도 자연스럽게 얻을 수 있지만, 그렇지 못하는 채식주의자들은 계란이나 말린 살구 같은 건과나 땅콩이나 아몬드 같은 견과류 등에서 얻을 수 있다.

결론적으로, 건강보조식품을 섭취하지 않고도 채식 위주의 식사를 하면서 건강을 유지할 수는 있지만 비건 같은 완전한 채식주의자의 경우는 그렇지 않다고 할 수 있다.

14

동물복지 측면에서
사육농가는 왜 비난받는가?

생산성은 높이고, 비용은 절감하고, 육류를 대규모로 생산하기 위해서 동물들은 같은 동물종, 품종, 연령으로 나누어 따로 키워진다. 병아리, 오리 새끼 등 유사한 모든 종들을 한정된 공간에 나란히 쌓아 사육한다. 목적은 하나다. 닭과 오리들의 운동량을 줄여 에너지 낭비를 막아 살을 찌우고 지방을 풍부하게 만드는 것이다.

몸통을 뒤로 돌릴 수도 없을 만큼 닭장 안에 겹겹이 쌓인 암탉들은 공장식으로 사육된다. 한 쪽에서는 컨베이어 벨드가 먹이를 나누어 주고, 다른 한 쪽에서는 닭의 배설물을 걸러낸다.

닭장은 살짝 기울어져 있어서, 암탉이 낳은 알은 경사를 타고 굴러 내려와 자동으로 수확된다. 가금류가 지닌 공격성을 약화하기 위해서 부리와 발톱을 절단한다. 이렇게 사육되는 가금류는 자연의 햇빛은커녕 공장의 네온 불빛만을 바라 볼 뿐이다. 자연적인 산란과 부화의 순환을 무시하고 암탉이 더 많은 알을 낳도록 하기 위해서 잠깐의 어둠으로 '가짜 밤'을 조성했다가 다시 전등을 켜 인공적인 '아침'을 만든다. 암탉들은 빨리 지치고 노쇠할 수밖에 없고, 방목되어 자란 암탉보다 수명도 짧다. 10년까지 살 수 있는 닭을 18개월이 되었을 때 도살해버리기 때문이다.

돼지 사육은 더 문제다. 한 쪽에서는 먹이를 주고, 반대편에서는 돼지의 분뇨를 치운다. 암퇘지들은 옆으로 나란히 빼곡하게 쌓여 줄지어 서 있기 때문에 몸통을 돌려 움직일 수도 없고, 철제 기둥으로 나누어질 뿐이다. 돼지우리 한 개당 수 마리의 새끼 돼지가 응집되어 사육되다 보니 돼지들은 살이 비대하게 오르고, 좁은 우리 안에서 돼지들끼리 싸우는 것을 막기 위해 중성화 수술을 하거나 이를 갈아 뭉툭하게 만들고 꼬리를 자르기도 한다.

특히 L214와 같은 동물복지 협회의 시민 단체는 이러한 동물의 잘못된 복지 상태를 우려하면서 유럽연합에 새로운 지침과 표준을 발표하도록 촉구했다. 더 큰 공간에서 – 암퇘지 한 마리당 $2m^2$, 110kg 돼지 한 마리당 $1m^2$, 30kg 새끼 돼지 한 마리당 $0.4m^2$ – 돼지들이 자랄 수 있도록 말이다. 돼지는 사회적 존재이고 특히 암퇘지들은 따로 고립되어 있으면 더 스트레스를 느낀다.

인증을 얻은 가금류(암탉과 육계) 사육은 비교적 낫다. 닭장에서 사육되지만 면적이 $1000m^2$ 이상이기 때문에 자유롭게 움직일 수 있다. 유기농 라벨, 또는 기타 인증(Bresse, Loué, Label rouge 등)을 얻으려면 닭들이 곡물 이외에도 다른 것들을 쪼아 먹을 수 있도록 자연의 풀밭에서 자라야 한다. 이렇게 자란 닭들은 닭들에게도 우리에게도 좋다. 닭들은 훨씬 더 건강하게 오래 살 수 있다.

동물복지는 주관적이고 또 의인화하여 생각하는 문제라는 점을 인지하는 것이 중요하다. 우리는 인간의 눈으로 동물의 고통을 바라보기 때문이다. 동물과 우리를 동일시하여 생각할수록, 동물의 고통이 우리의 고통과 비슷하다고 가정하게 된다. 하지만 사실 우리는 그것이 진실인지에 대해서는 관심이 없다. 크고 지방이 많은 푸아그라를 만들기 위해 사료를 잔뜩 먹인 오리의 모습이 그리 고통스러워 보이지 않는다. 어떤 저항도 없이 뱃속 가득 사료가 채워지고 아무 일도 없던 것처럼 살기 때문이다. 사료를 잔뜩 먹이는 것이 오리에게는 고통스러운 고문일 것이라고 어떻게 확신할 수 있을까? 같은 맥락에서, 연구자들이 소의 제1위장에 직접 접근하기 위해 구멍을 내는 모습이 담긴 사진에서 소의 큰 눈망울을 바라보고 있자면 마음이 울컥해진다. 그러나 소들은 문제의 사진보다 정원이 넘치는 좁은 축사에 갇혀있을 때 더 고통을 느낄지도 모른다. 그러니, 우리는 동물이 느낄 감정과 고통에 대해 이야기할 때 더 신중할 필요가 있다.

요점은 모든 형태의 축산업은 일종의 노예 제도에서 비롯된 것이므로 동물성 식품이나 상품들의 소비를 멈추어야 한다는 비건 운동의 논리를 보면 축산업자들과 정육업 종사자들을 위협함과 동시에 극단적이며 생물학적 사실에 대한 잘못된 이해가 반영되어 있다. 소들은 축사, 헛간보다 영하 32℃의 끔찍한 추위와 바람이 부는 목초지에서 뛰어 노는 것을 정말로 더 행복하다고 여길까? 동물주의자들은 이러다 그들이 키우는 고양이마저 채식주의자로 만들게 되는 것 아닐까?

이렇게 급진적인 입장을 취하는 것까지는 부정하더라도, 동물복지의 이유에 대해 변호할 필요는 있다. 고통 받지 않는 동물들이 훨씬 더 좋은 식품으로 생산되기 때문이다.

15

산업화 국가에서
더 많은 농산물이 수확될까?

사실이다. 프랑스에서는 합성 비료의 사용으로 20세기 후반 동안 헥타르당 수확량이 3배 이상 증가했다. 그러나 이러한 증가 추세는 2000년대 초 정체를 보였다.

첫 번째 이유는 토양의 파괴로, 토지의 가장 중요한 부분인 토양 표층에 존재하는 약 20~30cm 두께의 유기층인 부식토가 침식되는 것이다. 부식토는 경작된 작물의 뿌리에서 사용할 수 있는 물과 미네랄 성분을 유지하고 토양이 침식에 더 잘 견딜 수 있도록 구조적인 안정성을 부여하는 데 필수적인 구성 요소다.

그러나 토양 깊이 빈번한 경작으로 인해 부식토의 파괴가 일어나고, 표토라고 불리는 토양 표층에 서식하는 지렁이 수가 감소하여 토양의 비옥도가 급격히 저하된다. 부식토의 충분한 비율을 보장하지 못하면 토양이 침식되고 황폐해지며 합성 비료로 인해 미네랄 성분은 결과적으로 그 효능을 잃는다. 부식토에 미네랄이 제대로 유지되지 못하면 미네랄은 토양 깊은 곳으로 사라지게 되는데, 즉 땅에 침투한 빗물에 씻겨 내려가 결국 재배 식물의 뿌리에 닿을 수 없게 되는 것이다. 따라서 밭갈이를 너무 자주 하여 부식토를 과도하게 파괴하지 않아야 한다. 더군다나 쟁기질은 항상 같은 깊이로 이루어지기 때문에 토양을 부드럽고 얇게 만들어(압축된 토양) 결국 물과 뿌리가 더 깊은 지하 토양으로 깊숙이 침투하는 것을 막는다.

과도한 살충제 사용으로 지렁이가 죽으면 토양의 상태는 더욱 취약해진다. 지렁이는 주기적으로 땅속에 길을 만들어 토양의 다공성 유지에 매우 중요한 역할을 한다. 물이 토양으로 침투하고 뿌리가 깊이 내릴 수 있도록 도와주기 때문이다. 경작된 식물의 성장을 촉진하기 위해서는 때때로 쟁기질보다 훨씬 더 효과적인 것이 바로 지렁이다.

농업의 수확량이 증가하지 않는 두 번째 이유는 바로 경제적인 측면에 있다. 화학 집약적인 공장식 농업은 점차 수익성이 떨어지고 있다. 실제로, 농업에서 사용되는 – 합성 비료, 식물병충해 방제품(살충제, 살균제, 제초제) – 화학제품은 대부분 석유화학공정을 통해 생산되기 때문에 그 비용은 인플레이션 및 종자 가격보다 빠르게 상승하고 있다. 따라서 이러한 화학제품을 과도하게 사용하는 농부들은 자발적으로 그 사용량을 줄이거나 더 이상 사용하지 않는 것이 좋다. 이제는 유기농법으로 전환하지 않거나 이러한 화학제품이 여전히 유익하다고 생각하는 사람들마저도 가능한 극소량을 사용하려 노력한다. 그러나 이렇게 합성 비료를 적게 사용하고 포식 생물들이 더 많아지면 자연스레 농업 수확량은 낮아질 수밖에 없다.

세 번째 이유는 과학적으로 완벽히 입증된 것은 아니지만 더 우려되는 원인이다. 바로 식물병충해 방제품을 너무 많이 사용한 나머지 공장식 농업은 포식 생물과 내성 병원균의 확산이 용이해졌다. 두 단계, 세 단계 더 강력한 제품을 활용하더라도 더 이상 해결하기 어려운 지경에 달했다. 최악인 것은, 화학 물질에 '오염'되어 먹이 사슬의 경쟁구도도, 포식자도, 병원체도 없이 한 종만 서식하고 자란 탓에 작물들과 경쟁하여 나중에는 제거하기도 어려운 새로운 침입식물이 발생하기 쉬울 정도로 약해져 결국 생태계가 불균형해지는 것이다.

이러한 변화는 거의 모든 선진국에서 발견할 수 있다. 러시아, 우크라이나, 루마니아 등 광범위한 농업이 여전히 우세한 국가에서만 곡물 수확량이 계속 증가하는 추세를 보인다. 그러나 전 세계 기후 변화와 그로 인한 극심한 이상 기후 발생의 빈도가 증가하면 해당 국가의 헥타르당 수확량 증가 추세도 곧 꺾일 가능성이 높다.

종합해보자면, 곡물 수확량의 감소는 농부들의 다소 합리적인 – 우리는 종종 '합리적'이라고 표현한다 – 농업 활동에서 비롯된 것처럼 보일 수 있지만, 실상을 보면 농업이 산업화 되면서 발생한 생태학적 피해와 관련이 있다. 토양의 부식토가 침식하고, 수분 매개 곤충들이 죽고, 점점 더 단일 재배에만 힘쓰는 지역에서 외래종이 확산되는 것이 바로 그 예다. 우리는 현실을 직시해야 한다. 우리의 토양은 더 이상 과거에 우리가 수확한 만큼의 곡물을 보장해주지 않으며, 그것이 야기할 결과는 상당할 것이다.

16

가족농업은 산업형 농업보다 수익이 적을까?

　소규모 가족농업의 수익은 일부 대규모 농업의 수익과 같거나 더 높을 수도 있다. 소규모 가족농업의 생산품은 높은 품질을 보장하며 특히 인증라벨(Label rouge, 유기농, 공정무역 등)이나 원산지 명칭 보호AOC 등을 통해 사회적으로도 인정받을 수 있어야 한다.

　산업형 농업은 농부들이 기계의 도움을 받아 낮은 비용으로 높은 생산을 할 수 있게 해주었지만 이와 동시에 어마어마한 부채도 안겨주었다. 물론 여전히 높은 수익을 창출하며 생계를 유지해 나가는 대규모 곡물생산자들에게서는 그렇지 않은 경우도 있지만, 가처분 소득이 최저 임금보다 낮은 우유, 육류, 과일 및 채소 생산업자들에게서는 의심의 여지없이 나타나는 현상이다.

　현재 유기농 생산업자와 비유기농 생산업자 사이의 소득 격차를 비교할 수 있는 수치는 거의 없다.

　그럼에도 불구하고 프랑스에서 유기농법에 쓰이는 토지 비중이 두 번째로 가장 높은 루아르 지역의 농업 회의소는 3년 연속 수백 명의 유기농 생산업자의 수익과 소위 '전통 농업 방식'의 생산업자들의 수익을 비교한 바 있다. 유기농 생산업자들의 연평균 수익은 전통 농업 방식의 생산업자들의 모든 생산 부문을 합친 것보다 약 1.5배 더 높은 것으로 나타났다. 이러한 차이는 주로 1인당 연간 수입이 전통 농업 방식의 생산업자의 2배인 유기농 우유 생산업자들로 인해 발생한다. 생산업자 1인당 연간 수입이 수확 작물의 상품화 방식에 따라 크게 변하는 채소 및 포도 재배업자들에게서는 그 차이가 다소 덜 두드러진다. 수확 작물을 직접 판매하는 경우 더 많은 수익을 얻는 반면에 더 집약적인 농업활동이 이루어지기 때문이다.

가족농업은 산업형 농업보다 자본 투자(인프라 및 강력한 농업장비)가 상대적으로 적다. 반면, 전통 방식의 농업인들은 수익의 상당 부분을 이러한 인프라와 장비를 확보하기 위해 받은 대출을 갚는 데 쓴다. 그렇기 때문에 그들의 가처분 소득이 일생 동안 낮게 유지되는 것이다. 모순적이게도 죽기 전날까지 대출금을 상환해 온 농부들은 많은 인프라와 장비를 소유하고 있기 때문에 축적된 자본이 높은 것으로 추산된다.

유기농 제품과 '전통적 농업' 방식의 제품의 수익 차이는 시장의 가격 변동성에 따라 달라지며, 유기농 제품의 가격은 상대적으로 더 안정적이다. 그런데, 유기 농법을 추구하는 많은 생산업자들은 가격이 급락하게 될까봐 우려하기 시작했다. 실제로 낮은 인건비의 노동력을 가진 국가에서 대량 생산한 유기농 제품이 대량으로 수입되면서 경쟁력이 떨어졌기 때문이다. 이런 관점에서 유기농법으로 생산된 제품에 '공정무역'이라는 라벨을 붙일 것을 요구하게 되었다.

17

생산적인 농업은
대규모의 토지가 필요한가?

1970~1980년대, 트랙터의 통행을 용이하게 하고 토지대장의 한 구획에서 다른 구획으로의 이동 시간을 제한하기 위한 목적으로 농업의 산업화가 이루어지며 울타리가 제거되었다. 울타리는 그동안 작은 농토의 경계를 표시하기 위해 사용되었고, 한때는 따로 보호 관리를 하지 않아도 될 만큼 가축들을 방목하여 기르기 위해 구역을 설정하는 목적으로 쓰이기도 했으며, 난방을 위한 장작이 되기도 했다. 더 기계화되고 화학적인 방법의 농업을 추구한 신세대 농부들이 내세운 또 다른 비판점은 바로 그늘이었다. 햇빛에 덜 노출되는 밭은 - 육안으로 확인이 가능한 적자였다 - 낮은 생산성을 보였기 때문이다. 결국 많은 초원에서 높은 울타리가 제거되었고, 생산량 증대를 목적으로 부분적으로 숲을 깎고 파괴하는 등의 재개발이 이루어졌다.

이렇게 울타리를 없애고 산을 깎아 거대한 밭을 만들면 수입이 늘어날 것이라고 생각했던 것이다. 그러나 노동 생산성 측면에서 - 더 많은 장비와 낮은 인건비로 상당한 생산성을 추구하는 - 헥타르당 부가적으로 발생하는 가치는 전혀 그렇지 않았다.

오늘날 농학자들은 생산량을 늘리는 데 있어서 나무로 둘러싸인 작은 숲과 생울타리의 긍정적인 역할에 대해 다시 관심을 갖기 시작했다. 바람의 영향을 30~50%가량 줄일 뿐만 아니라 쉽게 침수되는 지역을 정화하며, 더 습한 소기후를 유지시키고, 경사지 위 흐르는 물을 저장하고, 빗물과 계곡 바닥의 이류를 곰팡이 및 기타 병원균의 확산으로부터 보호한다. 이런 숲과 생울타리야말로 진정한 농업의 부를 가져다주는 역할을 한다.

또한, 혼합 울타리가─적어도 한 종 이상의 나무, 관목, 풀 등이 결합된 형태─무당벌레, 꿀벌, 풍뎅이, 잠자리, 딱정벌레, 꽃등에(말벌과), 거미, 박새 등과 같이 자유롭게 또 자연스럽게 해충의 개체 수를 줄이고 식물병충세 방제품 사용도 줄일 수 있게 해주는 농업에 유용한 곤충과 새들을 보호하고 있다는 것도 재발견했다.

'공동농업정책'은 유럽차원에서 농부들에게 지원하는 원조를 생태학적 측면에서 토지 구획을 설정하는 방식의 조치를 최근 채택했다. 그중에는 혼합 울타리와 잔디를 심어 경계를 설정하는 일명 '잔디스트립'을 만들어 다기능 식물을 최소 5m 정도의 폭으로 감싸도록 하는 조치가 포함되어 있다. 유럽은 이제 더 이상 넓은 밭에서 경작하는 것이 생산적인 농업이 아니라는 사실을 깨달았다.

18 도시는 농촌을 파괴할까?

2017년 2월, 프랑스 국립농업연구소INRA와 프랑스 교통 및 도시정비네트워크 과학기술연구소IFSTTAR에서 공개한 연구조사에 따르면 프랑스의 농지(경작 가능한 토지 및 영구 초지)는 지난 30년 동안 약 7%가량 감소했다. 즉, 도시화 및 도로교통 인프라 구축을 위해 1985~2015년 사이 약 200만 헥타르의 농지가 사라진 것이다.

2016년, 도시의 건물, 도로, 철도 및 주차장 등이 차지하는 일명 '인공화' 지역은 5만m^2 이상으로, 프랑스 국토의 9.4%를 차지했다. 그중 40%는 1차, 2차 주거지이며, 30%는 기업부지, 나머지 30%는 도로, 고속도로, 주차장, 철도 및 공항 등의 부지로 쓰였다.

알자스, 일드프랑스, 노르파드칼레처럼 이미 고도로 도시화된 지역에서는 경작 가능한 토지가 급격히 사라지고 있다. 비극적인 것은 이 지역들에 대부분 매우 높은 농업학적 가치를 지닌 토지가 많다는 점이다. 농업용 토지를 도시화를 위해 사용하는 일은 결코 돌이킬 수 없기에 비난 받을 만하며, 식량 생산을 위한 토지의 모든 잠재력도 사라졌다. 그러나 이런 부분이 도시 개발 계획에서 거의 고려되지 않는 것 같다!

최고의 농경지를 아스팔트로 포장하면 토양은 일종의 방수처리가 되어버린다. 빗물이 더 이상 땅 속으로 침투하지 못하기 때문에 경사면을 타고 흘러내린다. 결과적으로는 저지대와 계곡에 홍수가 빈번하게 발생하고, 토양 침식으로 이어질 수밖에 없으며 대형 산사태의 원인이 될 수도 있다.

도심에서 점점 더 떨어진 부지에 개인 주택을 짓고 도로와 길을 구축하는 것은 자연과 농업의 생태계를 분열시키고 생물다양성에까지 영향을 미친다. 대도시 외곽의 대형 건물, 쇼핑센터, 주차장 등을 건설하게 되면 단순히 자연 풍경의 아름다움을 해치는 것에서 그치지 않는다. 식물의 번식과 해충 퇴치에 있어서 큰 역할을 차지하지만 간혹 그 중요성을 과소평가 당하거나 심지어는 아예 무시당하는 우리에게 이로운 야생 동물들(수분 매개 곤충, 새, 설치류, 맹금류 등)의 자연스러운 이동과 활동에 있어서 실질적인 장애물이 된다.

도시 외곽의 개발 및 확장을 늦추고 농업 및 자연 공간을 보호하기 위해서는 가능한 빨리 도심과 브라운필드를 재건하여 더 많은 상점과 지역 서비스로 인구를 밀집시키는 것이 적절할 것이다. 그러려면 무엇보다 농업용 토지를 건축용 토지로 전환하는 데 필요한 세금을 더 많이 지불하는 것에서부터 시작되어야 할 것이다. 왜냐하면 현재 부동산 개발자와 공공건축 및 건설 회사가 창출하는 자본의 이득은 상당히 높은 반면 매우 낮은 세금이 부과(경우에 따라 다르지만 약 5~10% 가량 부과된다)되고 있다. 공공 기관이 이 정도의 세금을 부과하려 시도할 때마다 항의가 빗발친 이유도 다 이런 이유 때문이다.

농업용 토지로 보존될 수 있었던 유일한 토지는 '자디스트'라 불리는 시민들의 시위를 통한 개입으로 이루어졌다. 낭트 지역의 노트르담데랑드가 바로 그 예다. 공항 건설 부지로 활용될 뻔 했지만, 그룹 오샹Auchan의 부동산 기업 이모샹Immochan이 도시 루앙 근처에 인수한 농지는 마침내 건설 부지로 부적합하다는 판정을 받고 현재는 유기농 경작이 이루어지고 있으며, 기업 이모샹이 눈독을 들이고 있는 루아시에서 멀리 떨어지지 않은 고네스 지역의 삼각지대에서도 곧 유기농 경작이 실행될 것이다. 환경을 존중하고 유기농법을 실천하려는 농부들에게 토지를 빌려주는 시민단체La Foncière Terre de Liens도 민간 자금을 모아 도시 외곽의 토지를 확보하기 위해 아스팔트 포장 작업을 저지하기도 한다.

시민 단체의 이러한 행동은 매우 중요하며 미래를 향한 큰 희망을 선사한다. 하지만 이런 단체들이 직면한 한계 역시 분명하다. 언제 우리의 모든 농업용 토지가 '보호구역ZAD'으로 간주될 수 있도록 할 수 있을까? 프랑스에는 아직 경작지를 건설용으로 활용하지 않아도 될 만큼 충분한 브라운필드가 남아있다.

19

산업형 농업에서 생산된 농산품은 저렴할까?

시장 점유율을 확보하고 가능한 많은 사람들이 상품에 접근할 수 있도록 하기 위해서 농업 종사자들과 농산물 가공업체들은 비용을 절감하기로 했다. 그러기 위해서 농업과 축산업을 기계화하고 농산물 가공 과정은 자동화 및 로봇화 하여 환경적 피해와 궁극적으로는 '저렴한' 식품이 우리에게는 간접적이지만 엄청난 대가를 야기한다.

왜냐하면 값싼 제품을 구매하는 소비자는 집약적인 공장식 축산업에 의해 오염된 물을 정화하고 식수화하기 위해, 또는 해안의 녹조류를 제거하기 위해 세금을 지불하기 때문이다. 이러한 미시경제적 관점의 과정과 선택들은 세금을 지불하는 사람의 이익은 물론이거니와 일반적인 이점을 야기하지 않는다. 저렴한 가격으로 판매되는 과일과 채소에는 살충제의 잔여물이 가득하다. 건강 유지를 위한 비용은 점점 증가하는데, 반면 건강한 상태를 유지한 기대 수명은 이전 세대에 비해 10년가량 단축되었다. 물론 이러한 간접비용은 마트에서 판매되는 식품의 가격에 표시되지 않는다. 생산 방식의 차이로 발생하는 세금 및 실제 부과되는 기타 비용을 경제학자들은 '부정적 외부효과'라고 분류한다.

한 농부가 농장 회계 장부를 정리할 때에는 수익과 매상은 오른쪽 열에, 지출 비용은 왼쪽 열에 기입한다. 연중에 농부가 소유한 송아지들 중 한 마리가 죽었을 경우에는 왼쪽 열에 기입한다. 한편 토양의 '부식토 비율'이 감소할 경우 대차대조표에 기입하지는 않지만 실제로 이익과 손실을 추산해보면 농부의 자산이 감소한 것이나 다름없다. 땅의 비옥도가 떨어지고 수확량의 증가 추세도 멈출 것이며, 종국에는 금전적인 피해도 발생할 것이기 때문이다.

살충제 사용으로 인한 꿀벌의 실종, 식물의 생물다양성 상실, 장수말벌의 등장으로 인한 황폐화 및 기타 많은 생태계의 불균형의 경우에 있어서도 마찬가지이다. 사과나무와 배나무의 수분 활동에 직접적인 영향을 미치지만 이 또한 이익과 손실을 기입하는 대차대조표에는 반영되지 않으니 말이다.

시장 경제에서 재정적 비용이란 특정 재화와 서비스만을 고려한 것이다. 다른 요소들, 즉 '부정적 외부효과'는 통계적으로 측정하기 어렵기 때문에 충분히 현실적인 일임에도 수치상 계산에 적용되지 않는다. 물론 '긍정적인 외부효과'도 존재할 수 있다. 만일 한 양봉업자가 양봉하던 벌이 이웃 농장의 사과나무와 배나무의 수분을 도와 풍요롭게 열매를 맺는 데 기여 했더라도, 양봉업자는 이웃 농장의 수익에 따른 서비스로 기록되지 않을 수도 있다.

값이 저렴한 표준 상품을 추구하는 대규모 산업 농업은 궁극적으로 소비자에게 막대한 비용을 요구한다. 프랑스 소비자협회UFC-Que choisir와 프랑스 소비자 및 사용자 조합CLCV 등의 소비자 단체들은 가격 대비 품질에 대해 고려할 때 제품의 품질을 더 유심히 살핀다. 여기에, 납세자와 소비자 모두에게 실제로 영향을 미칠 수 있는 '부정적 외부효과' 또한 고려해야 한다.

20

농업에도 기계화가 필요할까?

　　현대화와 경쟁력 향상을 명목으로 시장에서 새로운 점유율을 확보하고 더 저렴한 우유를 생산하기 위해, 최근 축산업자들 사이에서 로봇착유기에 대한 투자가 점차 증가하고 있다. 굉장한 기술력이다. 로봇착유기 덕분에 젖소들은 축사 안에서 자유롭게 움직이면서 – 물론 외부로 나갈 수는 없다 – 24시간 동안 착유를 원하는 시간을 스스로 결정할 수 있으니 말이다. 착유 후에는 작은 보상으로 간식을 먹을 수도 있다. 이러한 변화는 축산업자들이 더 이상 정해진 시간에 얽매일 필요도 없고, 컴퓨터로 우유의 품질 정보를 즉시 전달 받을 수 있기 때문에 시간적으로나 심적으로나 큰 여유를 제공한다.

　　문제는 엄청난 값의 로봇착유기를 구하기 위해 큰 빚을 낸 농부들은 이 기계로 수익성을 극대화하기 위해 이웃 농장을 빌리거나 매입하고, 가축들도 빌려오거나 그 수를 늘릴 수밖에 없다. 그렇게 되면 해당 이웃 농장의 주인들은 로봇착유기에 투자할 수 없을 것이고 결국 농업을 중단해야 할 것이다.

　　노동 생산성의 증가는 근본적으로 농장 규모의 증가와 급격한 농촌 이탈 현상으로 인해 일자리의 현저한 감소를 야기했다. 그 결과 프랑스 농장의 수는 지난 20년 동안 절반으로 감소했고, 최근에는 45만 개 선 아래로 떨어졌다.

먹고 살기 위해서 많은 농부들은 상당한 빚을 낸다. 프랑스 브르타뉴의 축산업을 예로 들어보면, 착유 작업과 관련된 제약과 불편함은 분명 감소하겠지만 축사의 젖소들의 개체 수는 더 증가하고 더 정적인 생활을 하게 될 것이며, 결과적으로 병원균에 의한 감염과 전염병의 위험이 증가할 것이다.

그렇다면 결국 어떤 경제적 이익이 발생한다는 것일까? 브르타뉴의 낙농업자가 중국으로 수출하기에 알맞은 값싼 가격의 우유를 생산하고 있다고 말할 수 있을까? 정답은 아니다. 낙농업 시장에서 가장 경쟁이 심한 국가는 바로 뉴질랜드다. 겨울이 없으니 추위를 대비하기 위한 상당량의 건초를 생산할 필요도, 사일로(사료 보존 방법)를 집중적으로 활용할 필요도, 사료를 생산, 운반, 저장할 필요도 없다. 뉴질랜드가 프랑스보다 중국에 더 지리적으로 가깝다는 것도 빼놓을 수 없는 사실이다!

여기서 우리는 헥타르당 또는 총 생산량과 관련해서 애당초 축산업에 자동화와 로봇화를 도입하는 것은 상당한 비용을 요구하는데 과도한 기계화를 반드시 추구할 필요가 있는지 의문을 제기할 수 있다. 대형 생산 설비를 대규모로 감가상각할 수 없고, 우리의 땅과 생태계의 다양성에 대해 고려할 시간도 부족하다. 브라질의 넓은 사탕수수 밭이나 우크라이나의 곡식 재배를 위한 거대한 평야처럼 넓고 균일한 형태의 땅이 필요하다. 마찬가지로, 브라질산 옥수수와 콩을 강제로 사료로 먹여 키우는 프랑스의 양계장은 결코 브라질의 널따란 양계장과 경쟁할 수 없다!

앞에서 언급한 농업의 기계화나 현대화가 프랑스 농업과 농업 및 축산업자들이 세계 시장에서 경쟁력을 갖도록 기회를 줄 것이라 기대하는 것은 순수한 환상일 뿐이다. 실업률이 계속해서 증가하고 결국 생산가능인구의 8%에 육박한 지금, 우리의 일자리를 빼앗을 모든 형태의 현대화는 과감하게 포기하고 친환경 생태농업을 강화할 수 있는 기술의 발전을 장려해야 한다. 그렇게 해서 우리는 제품의 품질과 헥타르당 생산량을 동시에 높일 수 있다. 이는 현대 농업 방식을 외면하지 않으면서도 농부들의 이농현상을 막을 수 있는 혁신적이고 독창적인 방법이 될 것이다.

한편, 친환경 생태농업을 강화한다는 것이 모든 형태의 기계화, 자동화, 로봇화를 반대해야 한다는 것을 의미하지 않는다. 농업 종사자들의 고된 노동력을 완화하기 위한 방법으로 도입되는 기계화가 농부들의 과도한 부채로 이어지지 않는지, 또 기계화가 전체적으로 너무 급격히 도입되고 또 오히려 일자리 파괴를 야기하지는 않는지 개별적 차원에서 살펴보아야 한다. 로봇화의 긍정적인 예는 생 테밀리옹Saint-Émilion의 포도밭에서 찾을 수 있다. 태양광 패널이 달린 작은 로봇이 아침에 뜬 태양 빛을 모으고, 낮에는 포도밭 사이사이를 다니며 잡초를 벤다. 완전히 제거하는 것이 아니라 단지 잡초의 증식을 최소화하고 토양의 침식을 막아주는 풀밭을 유지하여 포도 재배자들이 제초제를 사용할 필요가 없도록 하고, 화석에너지의 과도한 소비를 절약할 수 있게 해준다.

21

경쟁력을 위해서는
농업도 특산화가 필요할까?

농업에서 말하는 특산화란 무엇보다 각 지역의 지역적 비교 우위를 활용하는 것을 의미한다. 습하고 온화한 기후의 연안 지역에서는 여름에도 가축들을 먹일 수 있는 사료의 생산이 수월하기 때문에 축산업을 중점으로 하는 것이 좋다. 파리 분지와 같은 중부 지역은 강물에 의해 운반된 진흙이 두텁게 쌓여있기 때문에 곡물이나 산업 작물 재배에 용이하다. 지중해성 기후에서는 포도 재배가 적합하다.

각 지역에서는 특수화된 농업 장비뿐만 아니라 지역 전문 농업 관련 산업에 더 투자할 것을 추진하고 있다. 즉, 축산업이 발달한 지역에서는 우유 공장과 도축장 설비에, 산업형 농업이 발달한 지역에서는 제분소와 제당 공장에, 와인 산업이 발달한 지역에서는 포도 저장고 설비 및 관리에 더 집중 투자한다. 생산에 집중하고 운송비용은 줄이는 것이다.

이론상으로는 이런 방식의 지역 특산화가 매력적으로 보인다. 하지만 현실은 그렇지 않다. 유럽연합의 나머지 27개의 회원국과 비교했을 때, 프랑스는 대규모로 생산되는 표준 규격 상품의 글로

벌 경쟁에서 사실상 어떤 우위도 차지하지 못하고 있다.

파리 분지에서는 설탕 수출이나 사탕무에서 추출하여 만든 에탄올 생산에 전혀 관심을 보이지 않는다. 파리 분지에서 생산되는 사탕무는 구름 낀 하늘 아래서 햇빛에 덜 노출되기 때문에 1년 내내 열대지방의 태양을 받고 자란 브라질의 사탕수수보다 에너지원으로 변환시켜 활용할 수 있는 효율이 더 떨어진다.

또, 파리 분지에서는 곡물 생산을 특산화하여 이집트나 알제리로 수출하는 것에도 더 이상 주력하지 않는다. 우크라이나에는 약 1,000헥타르 이상의 밀 농장이 있고, 헥타르당 수확량은 3,500kg으로 생산 비용이 훨씬 더 저렴하기 때문이다. 더구나, 산업의 확장을 원하는 프랑스 피카르디 지역의 곡물생산자들은 이제 피카르디가 아닌 루마니아나 우크라이나 등에 투자 하고 있다!

피카르디에서 합성 질소비료와 수입 화석연료에 많은 비용이 드는 고도로 화학화된 농업을 발전시키고자 하는 움직임은 판단의 착오에서 비롯된 것이다. 확실히 프랑스산 곡물은 현재 유럽연합 내에서 높은 가격으로 판매되고 있다. 그렇다고 하더라도, 더 낮은 비용으로 곡물을 생산하는 루마니아와의 경쟁에 뛰어드는 것은 판도를 바꿀 수 있는 기회가 될 수도 있다.

같은 맥락에서, 브르타뉴 지역에서 브라질산 옥수수와 대두를 사료로 계속 먹이며 양계 사업을 특산화하고 이렇게 생산된 닭고기를 중동으로 계속 수출할 필요가 있을까? 브라질에서 더 저렴한 비용으로 동일한 가금류를 생산하고 동일한 국가로 수출하고 있는데, 어떻게 경쟁력을 가질 수 있겠는가? 프랑스 두Doux 지역에서 가금류 도축장의 법적 개편은 해당 분야에 미래를 고려하지 않고 투자한 결과라고 할 수 있겠다. 두에서 뿐만 아니라, 틸리 사브코 Tilly-Sabco, 가드Gad 같은 가금류 생산 전문 기업들의 사례도 마찬가지다. 브르타뉴 지역에서 경제 위기가 가금류와 양돈 산업의 생산업자들에게 타격을 준 이유는 투자 부문 선택에 전략적 오류가 있었기 때문이다.

프랑스에게 주어진 행운은 맛과 건강, 환경 측면에서 우리의 토지에서 정성을 들여 생산한 고부가가치의 상품을 이익이 될 수 있는 가격으로 공급할 수 있다는 것이다. 더 수공업적으로, 로봇화는 줄이고, 농업의 다양화를 추구하는 것이다. 프랑스 무역 수지 흑자의 3분의 2 이상이 와인, 증류주, 높은 품질의 치즈라는 것은 이미 알려진 사실이다.

유럽의 일반적인 요구를 넘어서 저비용 생산을 위한 국가들의 경쟁에 뛰어들 필요가 전혀 없다.

22 곰팡이는 농작에 유용할까?

곰팡이에 대한 사람들의 평가는 그리 좋지만은 않다. 오랜 시간 냉장고에 넣어둔 음식 위에 피기도 하고, 곰팡이의 또 다른 형태인 버섯을 따러 숲을 돌아다닐 때에는 독버섯을 먹지 않도록 경계해야 하기 때문이다. 그렇다면 곰팡이는 경작과 숲에 유요한 균이라고 할 수 있을까?

병원성 균을 가진 일부 곰팡이는 재배 식물과 자연림에서 질병(곰팡이균으로 식물에 병충해가 발생하는 것을 곰팡이 식물병이라 한다)을 야기할 수도 있다. 포도나무 노균병이나 딸기에 생기는 잿빛 부패, 참나무의 탄저병 모두 곰팡이가 원인이다. 그러나 수많은 과학 연구는 자연 생태계와 특히 산림 토양이나 경작지에서 유용하게 활용될 수 있는 무수한 곰팡이 균을 보존하는 것의 이점에 대해 증명했다.

미식가들 사이에서 풍부한 향을 발산하여 최고의 식자재로 꼽히는 송로버섯(트러플)을 예로 들어보자. 송로버섯은 단순히 그것이 가진 맛의 장점 이외에도, 소화 효소가 들어있어 영양학적으로도 가치가 매우 높다. 송로버섯의 자낭균류 곰팡이는 서식지 주변의 나무들(오크, 개암나무, 떡갈나무)의 뿌리에 존재하는 탄소 영양소를 먹고 자랐기 때문이다. 포르치니 버섯이나 꾀꼬리 버섯도 마찬가지이다.

이렇게 3가지의 고급 버섯들처럼, 많은 수의 곰팡이들은 나무와 1년생 식물의 – 즉 일 년 동안 발아하고, 꽃피고, 죽는 식물을 일컫는다. – 뿌리에 달라붙어 식물들의 광합성 과정에서 생성된 당분을 영양분으로 먹고 자란다. 이런 종류의 곰팡이를 '균근'이라고 하며, 균근은 '균사'라고 부르는 미세한 관상의 필라멘트로 구성되어 있어서 토양의 표층과 심토에서 경작 식물의 뿌리만으로는 거의 흡수할 수 없는 미네랄 성분(인, 칼륨, 미량원소 등)을 추출할 수 있다. 이러한 필라멘트는 해당 경작 식물보다 훨씬 더 많은 양의 토양에서 미네랄을 탐색할 수 있다. 또한 나무들이 심토에 침투한 빗물에 기반암이 풍화될 때마다 방출되는 미네랄 성분(칼슘, 칼륨, 인 등)을 추출할 수 있도록 도와준다. 즉, 균근의 곰팡이는 식물의 뿌리에 달라붙어 다양한 미네랄 성분들을 제공한다. 식물의 뿌리와 곰팡이의 공생체인 균근은 합성 비료를 사용하지 않아도 1년생 식물과 나무를 무공해로 재배할 수 있게 하고, 토양도 비옥하게 만든다.

균근 곰팡이는 토양에서 발견되는 점토, 진흙 및 고운 모래를 응집시키는 일종의 접착제 역할을 하는 글로말린glomalin이라는 단백질을 분비하는 특이성이 있기 때문에 토양 덩어리나 기타 자연물질들에게 더 큰 응집력을 보장하는 효과도 있다. 그렇기 때문에 토양 침식을 방지하고 경작지에 많은 양의 미네랄 성분을 유지하면서 물의 침투를 촉진할 수 있다.

죽은 나무나 나뭇잎의 부패 유기물을 영양원으로 삼아 부생균이라 불리는 곰팡이도 토양 생태에 중요한 역할을 한다. 부생균은 수많은 유용한 박테리아나 벌레들(톡토기목, 쥐며느리, 지렁이 등)이 나무 그루터기와 건초 더미의 분해에 적극적으로 참여하여 표층토를 부식질로 풍부하게 만들고, 탄소를 분리하고 미네랄 성분들을 재활용 할 수 있도록 영양분을 공급한다. 이렇게 형성된 부식질이 토양의 물 저장량을 보존하고 침식에 대한 저항성을 갖게 하며, 중장기적으로는 토양의 비옥함을 유지하거나 증가시키는 데 큰 역할을 한다.

오늘날 곰팡이의 유용함은 점점 더 많은 농부와 정원사들이 나무나 생울타리 등을 가지치기 하여 얻은 어린 나뭇가지들을 작게 잘라 곰팡이 증식을 촉진하거나, 이렇게 작게 자른 조각들을 분쇄하여 만든 파편과 부스러기를 토양과 혼합시키는 과정에서 더 잘 드러난다. 이렇게 낙엽수를 잘게 자른 어린 나무 가지를 모은 일명 '우드칩BRF'은 토양의 비옥도 유지에 유용한 종들을 양분으로 삼는 곰팡이의 증식을 촉진한다.

농작물 경작과 자연 숲 보존에 이토록 유용한 곰팡이를 보존하기 위해서는 좋은 곰팡이를 선별하지 못하고 병원성 곰팡이와 함께 제거하는 살균제의 사용을 피해야 한다.

23

농업 관련 산업 및 대형유통업은 소농민을 죽이고 있을까?

프랑스 농업조합 연맹FNSEA에 따르면, 프랑스 농민은 진정한 자영업자이자 '프리랜서'라고 할 수 있다. 농민들은 자신이 생산하고자 하는 작물을 선택하고, 지역의 생태학적 잠재력과 시장의 법칙에 적합한 기술을 채택하고, 고수익 장비 구매에 자본을 투자하거나 날씨의 변화에 따라서 농사 일정을 수정하기 때문이다.

하지만 현실은 매우 다르다. 사실상 농민들이 갖는 주요 관심사는 빚을 내어 마련한 장비들의 비용을 가능한 빨리 감가상각 하는 것이다. 주로 농업회의소와 농업 생산요소 공급 및 농산물 판매 협동조합의 권고 사항에 따라 장비들을 마련한 농민들이 대부분이다. 권고 사항대로 많은 수의 농부들은 값비싼 대규모 생산 시스템(합성비료, 살충제, 항생제 등)을 선택했지만 국제 시장에서 실질적인 수익성 높은 판매처는 확보하지 못하는 결과를 낳았다.

프랑스 유제품협동조합Sodiaal의 권고 사항에 따라 브르타뉴의 젖소사육사들은 로봇착유기에 투자했고, 브르타뉴의 넓은 초원의 풀을 뜯어 훨씬 적은 비용으로 먹이를 줄 수 있었을 것임에도 불구하고 미국, 브라질, 아르헨티나에서 수입한 옥수수와 대두로 만든 사료로 가축들을 먹이기로 결정했다. 결국 이러한 모든 과정을 거쳐 생산된 분유와 멸균우유는 목초를 먹고 자란 젖소보다 오메가3 함량이 훨씬 더 적다. 뿐만 아니라, 브르타뉴의 젖소사육사들은 중국인들이 (최근 브르타뉴 근처 카르엑스Carhaix 지역의 우유 내 수분 탈수 타워에 투자했다) 저렴한 가격에 유아용 분유를 구매해 갈 것이라 믿었던 협력업자들에게 등 떠밀린 것도 있었다. 뉴질랜드가 기후조건이 훨씬 더 좋기 때문에 중국인들이 대규모로 투자했던 뉴질랜드산 우유와 경쟁하는 것은 불가능하다는 것을 깨닫기 전의 일이었다. 브르타뉴의 축산업자들은 결국 로봇착유기를 구매하고, 그들 자산의 절반 이상으로도 결코 가동이 어려운 탈수 타워를 마련하기 위해 무수한 빚을 낸 것이다. 자금 유통에 어려움이 있는 중국인 투자자들의 경우에는 프랑스 유제품협동조합에 탈수 타워를 되팔기도 한다.

브르타뉴 축산업자들 중 대다수는 양돈 농장과 양계장을 세우고 수입산 옥수수와 대두를 먹이로 강제로 먹이며 사육하는 데 큰 비용을 감당한 탓에 사정이 좋지 못하다. 브라질에서 큰 비용을 지불하고 수입한 사료를 먹인 닭고기가 브라질산 닭고기와 어떻게 경쟁할 수 있겠는가?

마찬가지로, 식물에서 유래한 바이오연료인 바이오에탄올은 새로운 '비즈니스'라는 점에 있어서 프랑스 생산업자들에게 그리 반가운 소식이 아니다. 4만 헥타르 이상의 라티푼디움에서 훨씬 더 적은 비용으로 대규모로 재배되는 브라질산 사탕수수는 협소한 농장에서 생산되는 사탕무보다는 훨씬 더 경쟁력이 있는 상품이기 때문이다. 프랑스 생산업자들은 프랑스와 유럽연합의 공동농업정책PAC의 보조금 없이는 생존할 수 없을 지경이다. 많은 프랑스 농부들이 자신이 가입한 협동조합에 오히려 배신감을 느꼈을 테니 말이다. 회원들이 투자한 자본의 상당 부분을 브라질의 수십만 헥타르의 토지에서 사탕수수를 생산하는 경쟁 상장회사인 테레오스 인터내셔널Terreos International에 이전한 것도 바로 협동조합 Terreos 였다!

또 다른 예로는, 규모가 수백 헥타르에 불과한 소규모 농장에서 밀만 겨우 생산하는 파리 분지의 곡물 재배자는 농장 규모에 비해 수확량이 매우 높지만 (무려 헥타르당 9,000kg에 달한다!), 화학 비료와 비용이 많이 드는 기타 농법을 활용해야 했다. 시장에서 판매되는 밀은 수확량은 낮지만(헥타르당 3,500kg) 재배 과정에서 큰 비용이 투입되지 않으며, 특히 러시아, 우크라이나, 루마니아 등의 수천 헥타르의 농장에서 생산된다. 그렇다면 프랑스 협동조합들은 어떻게 다시 파리 분지의 농부들이 동방의 농부들과 경쟁할 수 있다고 믿게 만들까? 중요한 것은 총 수확량이 아니라 농작물 재배에 투입했던 비용을 모두 제하고 실제 손에 쥔 수입이기 때문이다!

이렇게 심각한 상황은 프랑스 농부들이 그들의 생산 시스템을 자유롭게 선택할 수 없었고, 적어도 그렇게 할 수 있는 카드도 손에 쥐고 있지 않았다는 것을 보여준다. 협동조합이 '내 편'이라고 생각하며 권고 사항을 따랐던 많은 농부들이 파산의 지경에 이르렀다. 이들은 자신의 이익 창출에 도움이 된다고 생각하며 경쟁 민간 기업이 부과하는 것과 유사한 조건과 보수를 수락한 바 있다. 그래서 농부들은 언제나 더 낮은 가격에 대규모로 생산된 표준 식품을 구입하는 것을 고심하는 농업 관련 기업들과 대량 유통 산업의 요구 사항을 들어주어야만 하는 상황에 빠졌다.

결과적으로 대다수의 프랑스 농민들은 이제 생산한 제품 판매로 발생하는 수입이 부족하고, 막대한 노동과 희생을 감내하며 대출금만 갚아 나갈 뿐이다. PAC의 보조금이 없었다면 많은 사람들이 파산했을 것이다. 이 주제와 관련하여 고통을 겪고 있는 농부들은 외부의 원조나 보조금을 지원받는 데 많은 비용이 들며 남에게 구걸하는 것 같은 비참한 기분이라고 말한다. 경쟁의 시간 속에서 그들은 한때 농촌에서 만연했던 연대마저 잃었다.

24

앞으로 지구는
76억 인구를
먹여 살릴 수 있을까?

현재 지구에는 76억 명이 넘는 인구가 살고 있다. 지난 2015~2018년 동안 8억 2천만 명은 만성 기근으로 고통 받았다. 하루 필수 열량인 2,200kcal를 섭취하지 못했다는 것이다. 또 다른 10억 명의 인구는 단백질, 비타민, 미네랄 등의 영양 결핍으로 고통 받고 있다. 영양 부족으로 인해 더 쉽게 질병에 노출되고 평균 수명보다 더 짧은 삶을 살기도 한다.

이토록 기근 문제가 심각한 상황에서, 우리는 지구가 충분한 식량을 생산하지 못하는 것이라고 생각하는 것이 옳을까? 답은 명백한 '아니오'다.

인간이 제대로 영양을 섭취하기 위해서는 1인당 연간 약 200kg의 감자, 카사바, 마 등의 곡물을 생산해야 한다. 그중 일부는 동물 사료로 소비되는데, 지구는 1인당 320~330kg에 달하는 곡물을 생산함으로써, 평균 120~130kg의 곡물을 필요 이상으로 더 많이 생산하고 있다!

기근이라는 것은 양식이 부족하여 충분히 음식을 먹을 수 없어 굶주린 상태를 말한다. 프랑스에서 '마음의 식당Resto du cœur'이 성공을 거둔 것은 프랑스에서 충분한 식량을 생산하지 못해서가 아니라 자선 레스토랑을 자주 찾는 사람들이 매일 제대로 식량을 먹을 수 있는 구매력이 너무 낮았기 때문이다.

브라질에서도 가난한 사람들이 굶주리며 그 수는 프랑스보다 더 높다. 그런데 브라질은 육류뿐만 아니라 옥수수, 대두 등을 프랑스로 수출하며, 이는 돼지 사료로 쓰인다. 카메룬, 코트디부아르, 에티오피아, 브룬디에서는 커피와 카카오 생산을 전문으로 하며 수출하고 있지만, 유럽이나 우크라이나, 아르헨티나, 브라질, 뉴질랜드, 오스트레일리아 등 다른 국가에서는 넘쳐나는 식량을 수입할 만큼 충분한 이익을 창출하지 못하고 있다. 이러한 국가의 생산자들은 누구보다 식량을 필요로 하는 가장 빈곤한 국가로 수출하는 대신, 지불 능력이 높은 세 유형의 소비자들에게 식량을 보낸다.

첫 번째 유형은 식량 '낭비자'들이다. 접시에 담긴 음식을 끝까지 다 먹지 않고, 유통기한이 지난 수십 킬로그램이 넘는 음식을 버리는 자들이다. 매년 프랑스인 1인당 약 20kg의 음식이 쓰레기통으로 향한다. 전 세계적으로 13억 톤에 달하는 식량이 이렇게 낭비되고 있으며, 이는 총 식량 생산량의 3분의 1에 해당한다. 대형 마트에서는 기한 내 판매되지 않은 육류, 유제품, 생선, 과일, 채소가 트럭째로 버려진다. 이렇게 연간 최대 200톤의 음식물 쓰레기가 발생한다. 한편, 중소형 마트들은 식량 기부를 위한 음식 확보의 원천이다. 2012년에는 32만 톤을 기부했는데, 400m²가 넘는 매장은 식량 기부를 의무로 하고 면세 혜택도 받을 수 있는 기준량보다 훨씬 더 많은 양이다(2016년 갸로Garot법 기준).

두 번째 유형은 '대식가'들이다. 바로 육류와 우유를 대량으로 소비하는 사람들이다. 식이와 관련한 문제를 야기하는 것도 있지만 문제는 에너지 소비다. 1cal의 동물성 칼로리를 생산해서 식탁에 올리려면 3~10cal의 식물성 칼로리를 소비해야 한다. 소, 젖소, 돼지들의 사료로 쓰이는 식물은 좋은 스테이크 고기와 맛있는 유제품을 생산하는 데 기여하지만, 반면 빈곤층이 먹을 수 있는 식량은 줄어드는 셈이다. 대부분의 육류는 부유한 선진국에서 소비되며, 가축 사료를 위한 식물성 단백질의 생산은 대부분 빈곤국이나 신흥국가들(아르헨티나, 브라질 등)의 경작지에서 이루어진다. 브라질에서는 1헥타르당 50명의 채식주의자가 먹을 수 있는 식량이 생산되지만 육식주의자는 단 2명만이 먹을 수 있는 양이 생산된다. 매년 7억 5천만 톤의 대두와 옥수수가 공장식 축산업과 바이오연료를 위해 생산되고 있다.

세 번째 유형은 '농업연료'다. 상황이 더 악화되고 있기 때문에 어쩌면 가장 우려되는 점이다. 옥수수, 설탕, 기름 등의 식품은 식물에서 유래한 에탄올이나 농업용 디젤을 생산하는 공장에서 대규모로 구입하여 자동차 연료 생산에 쓴다. 가난한 사람들의 접시 위에 오를 수 있는데도 말이다.

따라서 전 세계에 나타나는 기근과 영양실조는 불충분한 식량 생산이 아니라 온전히 소득 불평등의 문제다.

25

유럽연합에는
잉여 식량이 충분할까?

한때 프랑스와 유럽은 곡물, 설탕, 버터, 분유, 육류 등의 초과 생산량을 소련과 기타 개발도상국에 헐값에 팔아치우곤 했었다. 과거의 기억에 빠져, 어떤 사람들은 아직도 우리가 넘치는 잉여 식량에 파묻히고 있다고 생각한다.

그러나 이는 더 이상 사실이 아니다. 1984년 우유 쿼터제를 마련하고 1999년 농부들이 농지의 10%는 휴경지로 만들도록 조치한 이후, 유럽연합은 잉여 식량을 1995~2010년 동안 약간의 적자가 될 정도로 줄이는 데 성공했다. 유럽위원회는 유럽연합이 2005년 쿼터제를 종료하고 휴경지 의무 확보 조치가 끝난 이후 잉여 식량이 다시 흑자 상태로 돌아왔다고 발표했지만, 사실 수산, 양식업 분야에서 발생한 206억 유로의 적자는 고려하지 않은 것이었다. 실제로 유럽연합은 전 세계 1위의 어류, 해산물, 양식 제품 수입국이다. 해당 분야에서 필요로 하는 60% 이상의 식량이 제3국에서 수입되고 있다. 따라서 대외 무역수지 흑자는 고작 4억 유로뿐이다.

유럽연합은 특히 와인과 주류의 높은 수출량 덕에 주요 시장인 미국과의 무역 흑자가 50~70억 유로에 달한다. 또한 유럽연합은 러시아에 농산물(육류, 감자 등)을 공급하는 주요 국가이며 중국(와인, 증류주, 유제품 등) 및 중동(곡물)으로의 수출도 최근 10년 동안 꾸준히 증가하고 있다.

유럽연합은 커피, 카카오, 면, 바나나, 팜유, 땅콩기름 등 남반구 국가에서 다량의 열대성 식품을 수입한다. 이런 종류의 식품은 주식재료가 아니기 때문에 걱정할 필요가 없다. 문제는 오히려 유럽산 밀 수입의 25% 이상을 차지하는 우크라이나와 같은 국가에 대한 높은 곡물 의존도다. 우크라이나의 기상 (그리고 정치적) 기후가 불안정하기 때문에 만일 이 나라에서 날씨가 말썽을 부려 일시적인 부족 현상이 발생할 경우 언젠가 유럽에 심각한 영향을 끼칠 것이라 우려할 수 있다. 2010-2011년, 우리는 이미 러시아와의 무역에서 이런 현상을 경험한 바 있다. 당시 러시아는 국내 시장의 과도한 물가 상승을 해결하기 위해 곧 바로 밀수출을 금지했다.

유럽연합이 더욱 우려하는 사실은 브라질, 아르헨티나 및 미국에서 수입되는 대두와 콩깻묵 (심지어 유전자마저 변형된)에 의존하고 있다는 사실이다. 이러한 식품들이 돼지, 가금류, 심지어는 반추동물의 농장에서 거의 독점하는 식물성 단백질 공급원이 되었기 때문이다. 유럽연합의 27개국은 이 분야에서 필요로 하는 양의 30% 이상을 생산할 수 없다. 바로 이 점이 두려운 것이다. 연륜이 있는 프랑스의 축산업자들은 미국이 대두 수출을 금지했었던 1970년대에 겪은 어려움을 잊지 않았다. 그리고 세계 시장에서 중국의 대두 구매량이 증가함에 따라서 가까운 미래에 가격이 급상승할 가능성도 고려해야 한다.

그렇다면 유럽은 속수무책으로 당하기만 할 운명인 것일까? 그렇지 않다. 유럽에서 생산할 수 있는 대체 식품이 있기 때문에 의존도를 완전히 없애지는 못하더라도 완화할 수는 있다. 우리는 이미 프랑스의 베아른Béarn, 또는 루마니아에서 더 많은 대두를 생산할 수 있었다. 또한 돼지, 가금류, 반추 동물의 사료로 완벽하게 적합한 잠두, 층층이 부채꽃 등 다단백질식물도 - 콩과 식물 - 부족하지 않다.

따라서 오늘날 유럽연합은 잉여 식량으로 파묻히고 있다는 사실과는 거리가 멀다. 반대로 전략적 작물(대두, 곡물)에 의존하는 상황에 처해 있으며, 식량 자급자족을 회복하기 위해서는 최선의 방안을 찾아야 한다.

26

기근을 퇴치하려면
잉여 식량을 나누어야 할까,
싼 값에 팔아야 할까?

일반적인 생각과는 달리, 유럽과 미국이 잉여 식량을 팔면 오히려 남반구의 가난한 농부들에게 가장 큰 피해를 준다.

손으로 직접 벼농사를 짓는 마다가스카르 농부의 예를 들어보자. 농부는 1년에 0.5헥타르 이상 농사를 지을 수 없다. 화학비료나 유기비료를 사용하지 않고 수확량은 헥타르당 1톤이 조금 넘는다. 도정한 쌀 500kg으로는 1년 동안 두 사람만 먹을 수 있다. 하지만 농부는 약품을 구입하여 수도인 안타나나리보의 시장으로 수확량 일부를 판매해야 한다. 물론, 시장에는 마다가스카르산 쌀뿐만 아니라 베트남, 태국, 미국, 심지어는 프랑스 카마르그Camargue산 쌀도 있다. 모든 쌀은 서로 같은 가격으로 판매된다. 만일 마다가스카르의 농부가 더 높은 가격에 그가 생산한 쌀을 팔고자하면, 소비자는 다른 상품을 구매할 것이다. 그러니 농부는 경쟁 상품에 맞추어 가격 조정이 필요한 것이다.

그러나 프랑스 카마르그에서는 농부 한 명이 100헥타르의 토지를 쉽게 관리할 수 있고, 화학비료를 활용하여 경작한 땅에서는 연간 5톤의 쌀을 생산한다. 유럽 또는 북미 농장의 농부 한 명이 생산하는 양은 손으로 직접 경작하는 국가의 농부가 생산하는 양보다 수천 배 이상이다. 하지만 생산주의 농업은 파괴적이다. 카마르그 또는 미국의 농부들은 화학비료, 병충해 방제품을 사용하고, 트랙터와 콤바인 수확기를 가동하기 위해 화석연료를 사용하며, 수확한 과일의 5분의 4 이상은 해당 비용을 충당해야 한다. 하지만 부가가치가 되는 나머지 5분의 1도 마다가스카르 농부가 생산한 500kg의 쌀을 판매하여 얻게 될 수익보다 여전히 200배나 더 크다. 마다가스카르산 쌀 한 자루에는 같은 가격에 판매되는 카마르그산 쌀 한 자루보다 200배 더 많은 노동력이 들어있다. 프랑스 농부들이 어려움에 처한 것이 진정 사실이라면, 200배나 더 적은 보수를 받는 마다가스카르의 농부는 어떻게 자기 가족의 생계를 유지하고 기본적인 생필품을 구매하며, 돈은 어떻게 모으고 또 가축은 어떻게 살 수 있겠는가? 새 수레를 어떻게 장만하고, 퇴비는 또 어떻게 생산하고 운반할 수 있으며, 대체 어떻게 논을 비옥하게 만들 수 있겠는가?

남반구 국가에서 나타나는 기근과 영양 부족은 바로 여기서 비롯된다. 남반구의 농부들은 북반구 국가의 농부들과 경쟁할 수 없고, 생계를 제대로 유지하며 살 수 있을 만큼 충분한 수입도 창출할 수 없다. 파산에 이르면 일자리가 없는 빈민가로 강제 이동할 수밖에 없다. 남반구 국가의 산업화는 역사 속 산업 혁명과 같은 산업화가 아니다. 너무 기계화된 나머지 유럽과 미국에서 수입한 로봇과 높은 생산성을 보이는 기계의 장악으로 인간의 노동력은 거의 필요하지 않다.

이렇게 비극적인 상황에서도 정책적 해결책은 있다. 국내 시장에서 수입 식품의 가격을 높이기 위해 남반구 국가의 국경에 관세를 설정하는 것이다. 고도로 자동화, 기계화, 로봇화된 새로운 농업은 도시에서 이루어지고 빈민가로 내쫓긴 파산한 농부들에게는 충분한 일자리를 제공하지 못한다. 관세는 많은 일자리를 보존하고 식품을 더 비싼 가격에 구입해야 하는 모든 사람들이 적절한 수입을 얻을 수 있게 할 것이다.

북부의 국가들이 남반구 국가를 먹여 살리자는 것이 아니다. 기계 활용에 대한 상당한 투자 없는, 또 천연 자원 이외의 자원을 필요로 하지 않는 생태학적 농업 방법을 사용한다면 식량에 대한 수요를 충족하고 더 큰 식량 주권으로 향할 수 있도록 할 수 있을 것이다.

27

어떻게 식량낭비를
줄일 수 있을까?

"음식 남기면 안돼. 세상에 굶주리는 사람들이 얼마나 많은데!"
살면서 이런 말을 한 번도 들어본 적 없는 아이가 있을까? 성인이
된 후에도 우리 귀를 맴돌지만, 쓰레기통을 뒤지며 먹을 것을 찾는
노숙자 가족의 처참한 모습을 보면 어리석게도 우리가 얼마나 많
은 음식을 낭비하는지 다시 깨닫는다. 실제로 쓰레기통 안에는 포
장지에 싸여 절반만 먹고 남아있거나 때로는 통째로 버려진 음식
물로 가득하다.

프랑스 환경에너지관리청ADEME에 따르면 세계 식량 생산의
3분의 1은 온전히 낭비된다. 농부들이 애써 생산한 음식이 헛되이
쓰레기통에 버려진다. 음식폐기물은 처리에 필요한 천연 자원(토
지, 물, 화석연료 등)의 불필요한 활용으로 이어지고 온실 가스 배출
도 유발한다. 반드시 멈추어야 하는 진정한 골칫거리다.

프랑스에서만 약 160억 유로의 상업적 가치가 있는 1천만 톤의
식량이 매년 손실된다. 식량폐기물의 3분의 1은 포장을 벗기지도
않은 상태로 단지 유통기한이 지나 버려진 식품 약 7kg을 포함한
평균 29kg의 식품(약 108유로)을 버리는 소비자들에 의해 발생한다.

나머지 3분의 2는 식품의 전체 생산, 가공, 유통 과정에서 하자가 발생하여 판매 가치가 떨어져 버려지는 식품들로, 땅에 떨어져 짓무르거나, 모양이 예쁘지 않거나, 껍질이 벗겨진 과일이나 채소들이다.

여러 소비자 협회 및 환경보호 단체의 압력에 따라 2016년 2월 11일 '음식물 쓰레기 퇴치법'이 공포되었다. 이 법의 마련으로 대량 유통업체들은 손상되지 않았지만 판매되지 않은 식품을 폐기처분 할 수 없고, 400m² 이상의 대형 슈퍼마켓은 '마음의 식당Resto du cœur' 같은 음식자선단체 및 푸드 뱅크에 무료로 제공해야 한다.

같은 맥락에서, 학교 식당에서 발생하는 음식물 쓰레기를 방지하기 위한 대책도 마련되었다. 예를 들어, 프랑스의 무앙사르투Mouans-Sartoux를 비롯한 지방의 여러 자치단체들은 학교 매점에서 발생하는 쓰레기의 원인을 식별하기 위해 교직원, 학생, 학부모 사이의 인식 제고 활동을 성공적으로 수행했다. 프랑스 로트Lot주의 코뮌 브르투느Bretenoux에 있는 오를랑드 중학교의 학생들은 셀프서비스 학생 식당에 갈 때 특별한 원칙이 있다. 필요한 경우 더 먹을 수 있다고 하더라도, 실제로 다 먹을 수 있는 만큼의 양만 식판에 담는 것이다. 식사가 다 끝날 때는 음식물만 따로 버리는 교육도 받는다.

음식 폐기물을 퇴비화 하는 장치를 설치하고 사용하여 가정에서 발생하는 음식물 쓰레기를 줄일 수 있다. 특히, 쓰레기를 종류별로 분류하여, 유기 폐기물은 따로 처리하고 재활용한 다음 비료로 여러 곳에서(정원, 과수원, 묘상) 사용하기도 하고, 에너지원이나 석유 화학 산업의 원료로 사용하기 위해 메탄화할 수도 있다. 프랑스 국립 교원양성기관인 고등사범학교ENS에서는 학생 기숙사 부지에 퇴비 장치를 설치했다. 덩케르크Dunkerque의 도시 공동체는 지렁이가 유기물을 흡수하는 방식을 활용한 퇴비화 방법을 요청하는 가정에는 이를 이용할 수 있도록 무료로 제공하고 있다. 현재 이 지역 개인 주택의 15%가 이미 보유하고 있는 것으로 보인다.

최근 몇 년 동안 음식물 쓰레기와 싸우는 젊은 기업들도 성장하고 있는데, 그중에서도 가장 이름이 잘 알려진 기업은 아마도 '투굿 투고Too Good To Go'일 것이다. 원리는 아주 간단하다. 애플리케이션을 통해 파트너십을 맺은 베이커리나 레스토랑에서 적은 비용으로 음식 바구니 하나를 예약하면 된다. 바구니에 담을 음식은 우리가 선택하지 않는다. 영업 마감시간 또는 하루가 끝날 때까지 판매되지 않은 품목으로 구성된다. 이 애플리케이션은 가정용 쓰레기 생산을 최대한 줄이기 위해 사용자들이 직접 자신의 쇼핑백을 들고 매장을 방문할 것을 권장한다. 또한, '노숙자에게 기부' 옵션도 마련하여 노숙자들이 쓰레기통을 뒤져 먹을 것을 찾지 않아도 맛있게 먹을 수 있는 식사의 혜택도 누릴 수 있게 해두었다.

점점 더 많은 푸드 블로거, 푸드 칼럼니스트, 케이터링 전문가들이 재미있고 쉽게 따라할 수 있는 쉬운 레시피가 담긴 기사나 동영상을 통해 '낭비 없는' 메뉴를 소개하고 있다. 프랑스 여성 잡지 『팜므 악튀엘Femme actuelle』에서는 '남은 쌀로 만드는 레시피'를 소개하기도 한다. TV채널 프랑스5에서도 〈줄리의 레시피〉라는 프로그램을 통해 '음식물쓰레기 제로' 요리를 선보인다. 뿐만 아니라,

많은 요리사들도 이런 움직임에 동참하고 있다. 요식계의 스타트업 회사 프람하임Framheim은 2015년부터 음식물 쓰레기와의 전쟁을 선포한 프랑스 레스토랑에 인증을 발급하고 있다.

이러한 여러 노력에도 불구하고 음식물 쓰레기양의 수치를 보면 아직 갈 길이 멀다. 어릴 때부터 음식을 남기지 않고 음식물 쓰레기를 줄일 수 있는 방법에 대한 교육이 시급하다.

28

공정무역은 개발도상국의 경제사회발전에만 영향을 미칠까?

프랑스에서 '공정무역' 라벨은 오랫동안 남반구 국가들에게만 한정되어 엄격하게 발급되어 왔다. 하지만 2014년에 사회연대경제ESS법이 공포된 이후, 프랑스산 또는 유럽산 제품에도 적용될 수 있다.

애초의 아이디어는 남반구의 농부들과 장인들이 빈곤에서 벗어날 수 있도록 충분한 보수가 될 수 있는 가격으로 소비자가 제품을 구매하도록 하여 그들을 지원하는 것이었다. 이 라벨은 – 커피, 카카오, 바나나, 향신료, 공예품 등 – 북반구의 소비자들이 조금 더 높은 가격을 지불할 수 있는 제품에 부여되었고, 이렇게 발생한 금액의 차이는 남반구의 농부들에게 혜택으로 돌아갈 것이라는 확신을 갖고 있었다. 남반구의 농부들에게는 총 3가지 측면의 혜택이 있다. 국제가격의 선이 붕괴되더라도 국제가격보다는 더 높은 최저가격 보장, 생산자 협회 또는 협동조합에 부여되는 발전 보조금, 수확량의 일부를 사전에 구매하는 방식의 사전 자금 조달이 바로 그것이다.

실제로 많은 생산자들은 공정무역의 문을 두드리며 이렇게 물었다. "왜 나는 안 되죠?"라며 말이다. 공정무역조직(대부분 북반구 국가의 협회 및 소규모 기업들)은 공정무역에 누가 접근할 수 있는지 그 정의를 제시했다. 첫 번째 조건은 농부들에 의한 협회나 협동조합을 만들어, 그들이 수출업자를 대하는 데 있어서 더 조직할 수 있도록 하는 것이었다. 비록 외부 수요에 따른 결과였지만, 일부 조합은 실질적인 성공을 거두어 수출업체에 대한 협상력을 강화할 수 있었다.

두 번째 조건은 환경 친화적인 생산 시스템(토지에 식물성 비료 공급, 토양의 유기적 비옥화, GMO 및 특정 살충제 사용 금지 등)의 구축이었다. 그러나 북반구 국가들의 침입으로 여긴 남반구 국가들의 소농민들에게 항상 적용되는 것은 아니었다. 게다가, 라벨을 얻기 위한 일반적인 조건은 우리가 유기농법을 시행하는 농민들에게 요청하는 사항과 비교했을 때 더 엄격한 것은 아니었고 격려 차원의 것이었기 때문에 공정무역거래 가입 수요가 공급보다 더 많아 일부의 남반구 국가 농민들을 내버려두는 결과를 낳았다.

공정무역에는 수많은 행위자들이 엮여 있다. 아티장뒤몽드 Artisans du Monde 같이 새롭게 소위 '통합' 마케팅 채널을 마련한 단체들과 막스 하벨라르Max Havelaar처럼 가격, 보험료, 사전융자 조건을 충족하는 분야의 라벨링만을 선택하는 단체들도 있다.

NGO 단체인 아티장뒤몽드는 수공예품이나 농산품을 직접 구매하고 자원봉사자 네트워크를 통해 판매한다. 그들은 현장에서 구매하여 분류한 다음 제품을 운송하고 아티장뒤몽드 상점의 소매점에서 재판매한다. 상점 또한 자원봉사자들이 운영하며, 고객들에게 북반구 국가와 남반구 국가 간 거래에서 발생하는 문제들을 설명한다. 우리는 여기서 단체의 활동이 무엇인지 알 수 있으며, 이러한 시스템이 대규모적으로 확대되고 있다는 것은 확인하기 어렵다. 자원봉사자들의 적극적 참여가 시스템의 지속 발전을 위한 필수불가결한 조건이기 때문이다.

더 중요한 분야는 NGO 단체인 막스 하벨라르가 주요 인증단체 중 하나로 있는 '인증마트'다. 수입업자, 운송업자, 무역업자도 모두 2가지만 확인하기를 원한다. 공정무역의 조건이 존중되었는지, 또 프랑스에서 지불한 잉여금이 실제로 남반구 국가로 전달되었는지 확인하는 것이다.

공정무역 절차에 대해 독립적 연구를 진행하는 연구자들은 수십 건의 동향 연구를 수행했다. 그들은 생산자 조직을 구조화하고, 더 수익성 있는 시장에 접근할 수 있는 능력을 강화하고, 친환경적인 생산 기술을 마련하고, 이익 공동체의 생활 조건을 개선할 수 있는 접근법의 효과를 확인했다. 실제로 공정무역의 행위자들은 조금 더 높은 금액을 지불하고 그들의 제품을 구입하는 데 동의한 소비자들이 참여적 행동을 보여주고 있지만, 좋은 품질을 계속 보장할 경우에만 거래를 갱신할 기회가 있을 것이라는 사실을 일찍 깨달았다. 그렇기 때문에, 품질을 향상시키기 위해 공정무역 행위자들은 농민들과 함께 실제 작업을 수행했다. 그 결과, 마침내 이전보다 조금 더 수익성 있는 시장을 개척할 수 있을 것으로 예상되는 유기농 농산물 생산 및 수(手)가공 부문 설립에 대해 동의하는 것이 중요해진 것이다.

개발을 위한 지원금은 종종 제품의 첫 번째 가공을 완벽하게 하는 데 사용되었고, 특정 지역에서는 커피와 초콜릿 분야가 형성되었다.

공정무역의 가장 큰 장점은 결국 보수가 될 수 있는 안정적인 가격 책정으로 많은 것이 변할 수 있고, 유익한 효과가 대상 지역뿐만 아니라 그 주변 지역에까지 영향을 미친다는 것이다.

개발을 위한 지원금과 보장된 가격 덕에 공정무역은 관련 생산자들의 일상생활을 향상시켰고, 보다 광범위하게는 전체 지역 공동체의 생활을 향상시켰다. 라오스에는 아티장뒤몽드 단체가 참여하는 Lao Farmers' Products가 있다. 공정무역의 혜택을 적용받는 보라색 쌀, 녹차, 타마린드 잼 생산이외에도 지역 인구 전체가 이익을 얻는다. 페루 북부의 외딴 산지에서는 협동조합Cepicafe에 가입한 6,600명의 농부들은 '공정무역' 기업에 흑설탕과 커피를 판매했고, 그 결과 알코올 중독과 위생 문제가 감소했다. 멕시코에서는 막스하벨라르의 라벨을 얻은 커피를 처음으로 판매한 치아파스 고지의 인디언들이 오늘날 커피 판매 가격보다 더 높은 수요를 보이는 강력한 농민 조직을 형성했다.

현재 공정무역 제품은 슈퍼마켓이나 대형 마트에서 찾아볼 수 있으며, 이는 역설적으로 대형마트가 담당 직원들과 계산원들에게 얼마나 낮은 임금으로 보수를 지불하는지를 보여준다. 그럼에도 불구하고, 라벨이 부착된 제품의 연간 소비량이 두 자릿수 증가(2018년에는 무려 22%나 증가했다!)한 것에서 알 수 있듯이, 공정무역에 대한 최근 시장의 관심을 증명한다. 또한 2014년 ESS 법을 적용

받아 혜택을 얻고자 하는 프랑스 농민들도 증가하고 있다. 하지만 착각하지 말자. 오늘날 공정무역은 세계무역의 0.01%에 불과하며, 남반구 국가의 150만 명의 생산자와 장인들의 활동과 수익을 창출하는 데 기여한다고 하더라도 '공정무역' 라벨이 붙는 부문의 수를 늘려 전 세계의 기근과 빈곤을 완전히 척결하자는 것이 아니다.

공정무역의 비율은 언젠가 곧 1%에 도달할 수 있을 것이지만, 세계무역기구WTO 및 기타 국제기구 포럼 내에서 규칙이 변경될 경우에만 국제무역이 진정으로 공정해질 수 있을 것이다. 무엇보다 문제가 되는 것은 지정학적 측면이다.

남반구 국가의 농민들이 자국 시장에서 북반구 국가에서 생산된 식량과 불공정한 경쟁을 벌이는 한 진정한 공정무역은 없을 것이다. 라벨 인증 부문에 남반구 국가의 생산자 협회가 통합한 것도 바로 그런 이유에서다. '공정무역' 운동의 핵심적인 이로운 효과는 바로, 전 세계적으로 공정성을 약속하는 사회적 역학을 창출하는 것이다.

29

UN 기후변화협약 당사국총회COP의 실효성은 얼마나 있을까?

'COP'는 '기후변화에 관한 UN 기본협약 당사국총회'로, 구체적인 조항을 투표로 결정한 후, 지구온난화의 원인이 되는 온실가스 배출 감소를 위해 구체적인 지침을 투표로 마련한 후 이를 실천하여 증가하는 기후사변(폭염, 가뭄, 사이클론, 홍수 등)의 위험성을 줄이는 것을 목표로 하고 있다. 그러나 이러한 정기적 국제회의는 만장일치로 통과되어 경건한 맹세처럼 보이지만, 협약에 서명한 당사국의 정부들은 뒤돌아서는 순간 외면한다.

전 세계적으로 농업 및 식품 부문은 지구온난화에 미치는 인간 활동의 총 영향 중 4분의 1을 차지한다. 이산화탄소 배출은 주로 삼림벌채, 과도한 경작, 화학비료 및 식물병충해 방제품 사용으로 발생한다. 메탄은 소, 양, 염소 등 반추 동물들의 되새김질 과정에서 대부분 배출되며, 또 다른 온실가스로 지목되는 아산화질소는 합성 질소(요소, 암모늄, 황산암모늄 등)가 포함된 화학비료의 사용 후 대기로 유입된다. 농업 분야야말로 당사국총회에서 결정한 조치 ─ 어쩌면 이를 피하기 위해 만들어진 속임수 ─ 의 적용이 가장 늦어지는 분야임은 분명하다.

열대 국가의 삼림 벌채와 파괴로 인한 주요 생태적 피해를 줄이는 것을 목표로 삼아 당사국총회 당시 채택된 협약 사항이 약속대로 이행되는 것은 실제로 매우 드물다. 그 이유는 다국적 농산업 기업들과 영역을 확장하여 수익을 더 늘리고 싶은 대규모 지주들이 협약대로 이행하기를 거부하기 때문이다. 예를 들어, 가축 사료 생산을 담당하는 공장은 브라질과 파라과이에서 아주 저렴한 가격으로 대두를 수입한다. 그러나 대두 생산에 전념하기 위해 경작지를 넓히려는 목적으로 이 두 나라의 우거진 사바나 숲과 산림은 심각한 벌채와 파괴가 일어나고 있으며, 이는 온실가스 중 하나인 이산화탄소를 더 많이 배출하는 결과를 낳는다는 것은 모두가 잘 알고 있는 사실이다. 그러나 그들에게는 중요하지 않다. 오직 재정적 이익을 충족하는 것에만 혈안이 되어있다. 세간에 널리 알려지지는 않았지만, 맹그로브가 가득했던 아열대 해안의 나무숲은 새우 양식장을 만들기 위해 벌목된 이후 점차 사라져가고 있다. '분홍빛 금' 생산을 위해서만 동남아시아에서 벌어지는 삼림 벌채는 38%에 달한다. 그래서 일명 '수입된 산림파괴'라고 불리는 이 현상은 – 프랑스에서 수입하기 때문에 발생한 결과이므로 – 유독 해결하기 어려워 보인다. 세계자연기금WWF에서 수행한 연구에 따르면, 프랑스는 지난 5년 동안 대두, 카카오, 소고기(육류 및 가죽), 팜유, 천연고무, 목재 및 펄프 등을 수입하며 약 500만 헥타르를 파괴하는 데 기여했다. 이는 브르타뉴 면적의 거의 2배다.

기후변화를 막기 위해, 2015년 COP 21의 일환으로 파리 협정 서명에 결정적인 역할을 한 프랑스는 배출량 감축에 앞장서는 모

범국가가 되어야 했다. 그러나 NGO 단체인 기후행동네트워크RAC
에 따르면 프랑스는 2017년에 약속했던 것보다 이미 6.7% 더 많은
양을 배출했다. 북미 기상청은 같은 해 이미 전 세계 온실가스배출
량이 기록적인 수준에 도달한 것을 보면 당사국들이 협약 규정을
위반하는 것은 일반적인 동향이 되어 버린 것 같다.

그렇다고 COP의 낮은 실효성에 대해 일찍 낙담할 필요는 없
다. 여전히 해결해야 할 문제들의 범위를 정하고 협력하여 행동해
야 한다는 시급함을 전 세계 시민들에게 알리는 긍정적인 효과는
있기 때문이다. 각국 정부가 기후 문제에 상응하는 효과적인 결정
을 내리는 데 있어서 대책 마련에 굼뜬 것은 사실이지만, 그럼에도
불구하고 여론의 압력을 받아 결국 행동을 취한다. 다양한 방식으
로 (국민청원, 시위 등) 구체적인 조치를 취하도록 촉구하는 시민 단
체들의 활동으로, 마침내 석탄으로 가동되었던 화력 발전소를 폐쇄
하거나, 재생 가능한 천연 에너지를 더 많이 활용하며, 주택 단열을
더 개선하고, 차량의 운행 제한 속도를 줄여 배기가스 배출도 제한
할 수 있는 것이다.

우리가 올바른 방향으로 나아가고 있다고 하더라도, COP가 더
욱 실질적인 효과를 발휘할 수 있으려면 아직 노력해야 할 일이 많
이 남아있다.

30 세계에서 가장 넓은 농토를 보유한 나라는 어디일까?

중국 투자자들이 프랑스의 비옥한 경작지를 매입한 후 프랑스 농업계에는 큰 반향이 일었다. 보르들레Bordelais와 메독Médoc에 있는 몇몇 성과 포도주 생산 지대를 매입한 이후, 2016년에는 베리Berry 지역에 있는 수백 헥타르 이상의 곡물 생산 지대를 거금을 들여 사들였다. 젊은 프랑스 농부들의 정착이나 이웃 농장의 확장을 방해할 만한 일이었다. 세계 인구의 20%를 차지하는 중국이 지구상의 경작지를 9%밖에 소유하고 있지 않다는 것을 고려할 때 프랑스 땅에 대해 관심이 증가하는 것은 두려워할 필요가 있지 않을까?

솔직히 말하면, 경작지 가격이 여전히 매우 높은 프랑스나 서유럽 국가들에서는 외부인들이 농경지를 장악하는 것을 두려워하지 않아도 된다. 게다가 베르숑느 지역의 땅을 소유한 중국 회사는 이미 사법적 재건 중에 있다. 외국인 투자자들이 대규모로 농경지를 매점(買占)하는 것은 몇몇 국가들에게서는 매우 우려스러운 일인데, 아프리카 사하라 사막 이남 지역(수단, 에티오피아, 가나 등)뿐만 아니라 동남아시아(캄보디아, 라오스, 필리핀 등), 라틴 아메리카 국가들(브라질, 아르헨티나, 파라과이), 오세아니아(오스트레일리아, 뉴질랜드) 및 동유럽(우크라이나, 루마니아, 불가리아 등) 국가들도 포함되어 있다.

외국인들의 농경지 매입 움직임은 2008년 농산물 가격이 급격히 상승함에 따라 추진력을 얻었다. 곡물을 수입하는 많은 국가들은 식량과 에너지 수요(농업연료)를 충족하기 위해 세계 시장에서 저렴한 가격으로 곡식을 안정적으로 공급받을 수 있을지 확신할 수 없어 해외에서 토지를 확보해야 자급자족한다고 생각했다. 예를 들어 중국인들의 경우, 중국 국경 너머로 천만 헥타르 이상을 경작하고 있다. 외국인이 인수한 주요 인수 업체로는 한국, 일본, 인도, 아랍 및 카타르 기업이 있다.

또한 2008년 서브 프라임 금융 위기가 발생했을 때, 많은 민간 사업자들(은행, 투자펀드, 연금 등)은 국영 기업을 인수하여 자산을 다각화하기 위해 대규모 토지를 확보했다. 프랑스와 독일의 농부들은 브라질, 아르헨티나, 우크라이나, 루마니아에서 땅을 직접 구입하거나 소위 '폐기장 임대'하여 수천 헥타르를 매우 긴 시간 동안, 즉 18~99년 동안 장기 점유했다. 보스Beauce와 피카르디Picardie 지역의 농부들은 실제로 자신이 살고 있는 지역보다 루마니아에서 농업 사업을 확장하는 것이 더 수익성이 높다.

10년 동안 남반구 국가의 총 3천만 헥타르 이상의 농지가 외국 기업에 의해 매입된 것으로 추정된다. 이처럼, 이들 국가에서 매입하거나 임대한 광활한 땅들은 가능한 빨리 장비에 대규모 투자한 금액을 감가상각 하기 위해 대규모 단일 재배(대두, 사탕수수, 야자 기름 등)를 하는 것이 더 수익성이 있다. 그러나 단일 재배는 토양

의 빠른 침식, 화학 오염 증가, 생물다양성의 파괴 등 몇 가지 단점
이 있다.

소수의 투자자들과 투기꾼들이 남반구의 농지를 매입하는 탓에
소규모 농민들은 이미 인구 과밀 지역인데다 일자리를 구하기도
어려운 빈민촌으로 내쫓기고 있다. 우리가 알아야 할 것은 비난의
화살이 중국인에게만 향할 수 있는 것이 아니라는 점과 위험은 또
다른 곳에 있을 수 있다는 것이다. 브라질에서는 민간 기업이나 개
인이 아닌 국영기업이 농부들의 땅과 이익을 가장 많이 빼앗고 있
다. 국가가 독점하는 탓에 토지를 잃은 농부들은 생계를 유지하는
것조차 어렵다.

31

유럽공동농업정책PAC의
주요 수혜자는 누구일까?

프랑스는 유럽연합 내 토지 경작이 4%에 불과하지만, 프랑스 농부들은 2018년에 유럽공동농업정책에 따라 지급된 보조금의 5분의 1에 해당하는 90억 유로를 받았다. 프랑스의 토지 경작 규모는 유럽 평균보다 크기 때문에, 보조금의 금액은 유럽농업 국내총생산에 프랑스가 참여하는 정도를 나타낸다. 그러나 사실은, 다른 유럽 국가에서처럼 프랑스에서도 가장 넓은 헥타르의 토지를 소유하고 있는 부유한 농부들이 가장 높은 금액의 보조금을 받는다는 것이다. 프랑스에서는 유럽 보조금의 약 80%가 20%의 농부들에게 지급된다. 따라서 이러한 원조 방식은 오랜 역사의 결과로서 매우 불균등하게 분포되어 있다.

세계무역기구WTO 내에서 협상이 이루어지면서 유럽은 유럽의 농부들에게 국제 가격에 발을 맞출 것을 요구하고 자유무역 카드를 사용하기로 약속했다. 유럽 내 시장에서 농산물 가격의 하락이 발생할 때마다 농부들의 감소된 수입을 보상하기 위한 보조금 정책이 1992년에 도입되었다. 수입 관세나 수출 보조금으로 가격을 보장 받았던 농산물 – 곡물, 설탕, 우유, 육류 등 – 을 대량으로 생산했던 농부들은 과일이나 채소를 생산하던 농부들보다 훨씬 더 많은 지원과 혜택을 받았다. 브라질, 아르헨티나, 미국, 호주, 뉴질랜드 등의 국가들은 WTO 내에서 왜곡된 경쟁이라는 지적을 받자 유럽연합은 2003년부터 이전 3년 동안 지원 받은 평균 보조금에 해당하는 금액으로 축소하는 소위 '분리된' 원조를 농부들에게 지원할 수밖에 없었다. 하지만 여전히 보조금 지원은 불균형하게 이루어졌다.

2013년에 있었던 유럽공동농업정책 PAC 개혁도 이 문제를 해결하는 데 성공하지 못했다. 직접적인 소득 지원은 지급 당시 또는 이전의 생산량에 관계없이 헥타르당 지급되는 형태의 보조금이었다. 그래서 개혁 전에는 PAC의 지원 대상에서 제외됐었던 농부들이 혜택을 받기 시작했지만 지원의 점진적인 표준화는 2018년에도 아직 완성되지 못했다. 토지를 가장 많이 소유한 농부들이 계속해서 보조금의 대부분을 가져갔다.

2013년 개혁의 또 다른 중요한 조치로는 유럽위원회가 직접 지원 방식의 일부(약 30%)를 3가지 환경적 조치의 차원에서 제시한 것이다. 첫째, 농장 내에서 다양한 작물 재배를 의무화할 것(최소 세 개의 농작물을 순환 재배해야 하나, 경작지의 75%까지는 여전히 단일 작물을 재배할 수 있다.), 둘째, 영구 초지를 유지할 것, 셋째, 경작지의 5%를 '생태 관심 지역'으로 설정하여 동물과 꿀벌의 생태적 활동을 위해 '휴경지' 또는 생울타리와 풀이 자라나도록 남겨두는 것, 이렇게 3가지였다. 마지막 세 번째 조치는 2019년부터 경작지의 7%로 상향 조정되었다. 이러한 조치들이 매우 부족해 보일 수는 있지만 개혁의 시작이었다.

2013년에 실행된 개혁은 유럽연합 내 각 국가의 농업부 장관이 특정 작물 생산(콩과 식물, 유기농 생산 등)을 위한 지원 조건 일부를 조정하거나, 일자리를 창출할 수 있도록 정책 활용의 여유를 주었다. 프랑스 농업부는 52헥타르 미만의 농장 및 청년 농부의 정착에 할증보험료를 할당하는 등의 방식으로 직접 원조의 일부를 재조정할 수 있었다. 이 조치는 일반적으로 가장 위기에 처해있고, 일자리를 더 창출할 수 있는 분야인 축산업에 힘쓰는 소규모 농장들을 원조하기 위해 더 긍정적으로 재조정되는 데 성공했다.

이는 유럽연합 28개국의 협상으로 현재까지 PAC가 완전히 해결하지 못한 문제이다. 그 안에서 창출된 일자리나 성과에 따라 지원하는 것이 아닌 농장 규모에 따라 계속해서 원조를 제공하기 때문이다. 그렇다면 8% 이상의 실업률을 기록하는 프랑스 같은 나라에서는 각 농장의 노동자 수에 따라 직접적인 지원을 하는 것이 더 나은 것 아닐까?

PAC의 재개혁은 2020~2021년경 예정되어 있다. 새로 조성될 개혁안을 활용하여 그 내용을 완벽히 검토하고, 농민들은 도움을 구걸하는 부랑자가 아닌 지원 혜택을 받을 자격이 있는 생산자라는 사실을 잊어서는 안 된다. 시장에서 판매되는 상품에 대한 대가뿐만 아니라 사회에 환원되는 일반적인 서비스 수익에 따라 올바르게 보상을 받아야 한다. 자연 경관을 아름답게 만들고, 홍수와 같은 자연재해로부터 우리를 보호하고, 생물다양성 증가에 기여하는 농민들은 이러한 환경 친화적 행보에 대한 보상을 받을 자격이 있다.

32

침입종은 없애야 할까?

　원래의 서식지가 아닌 다른 자연 상태에서 적응하여 생육할 수 있도록 도입한 일부 외래 식물종과 동물종은 도입 지역을 침범하여 환경적으로 심각한 피해를 야기한다.

　예를 들어, 2004년에 중국에서 수입한 도자기 안에 숨어 아브르Havre 항구를 통해 프랑스에 들어온 아시아 말벌이 있다. 남서부의 도시와 시골 지역을 매우 빠른 속도로 점령한 후, 꿀벌들의 가장 사악한 포식자가 되었다. 회양목명나방의 확산도 만만치 않다. 주로 극동아시아에 서식하는 이 나방은 2000년대에 우연히 프랑스에 유입되었다. 나방의 애벌레는 수 킬로미터의 울타리를 뒤덮어 망가뜨리고, 일부 울타리에 서식하고 있던 작물에 유용한 곤충들도 죽일 수 있다. 겉으로는 전혀 무해한 것처럼 보이지만 생태계의 혼란을 야기하는 또 다른 침입종이 있다. 바로 뉴트리아다. 아메리카 지역에서 유래된 외래종으로, 19세기 유럽 모피사업을 위해 도입되었다. 그러나 뉴트리아는 운하 유역과 저고도 평원에 홍수 피해를 방지하기 위해 쌓은 제방을 파내어 빠르게 망가뜨리고 있었다. 카메르그의 농부들은 1993년 10월에 발생한 홍수로 지역이 침수되었을 때 그 피해의 직격타를 맞았다. 동물뿐만 아니라, 침입 식물종도 있다. 그중에서도 알레르기를 유발하며 심한 경우 발작을 야기하기도 하고, 천식과 습진의 원인이 되는 돼지풀이 대표적인 예다.

침입종은 특히 제한된 수의 자연 포식자만 남아있는 매우 교란된 생태계에서 발생한다. 침입종은 새로운 서식지에 꽤 빨리 적응하다보니 그곳에 이미 서식하고 있던 고유종과 경쟁하고 결국에는 고유종을 잡아먹고 먹이사슬을 차지할 수 있다. 또 다른 문제는 고유종에 기생충과 질병을 전염시켜 멸종 위기로 몰아넣을 수 있다는 것이다.

지역 고유의 생물다양성을 잃고 그에 따른 서식지 파괴로 인해, 이를 해결하기 위해 매년 수십억 유로의 비용이 발생한다. 만일 아시아 말벌의 벌집을 없애려면 최대 100유로를 투입해야 한다. 유럽연합 차원에서 이러한 침입종의 확산을 줄이고 침입종이 야기한 피해를 복구하기 위한 투입 비용은 연간 120억 유로 이상이다.

가장 좋은 방법이라면 침입종이 프랑스 땅에 유입되는 것을 막는 것이겠지만, 인구의 이동과 무역의 세계화로 인해 유입자체를 막는 다는 것은 지극히 어려운 일인 것은 분명하다. 다행히도, 엄밀히 말하면 프랑스에 유입된 외래종의 1000분의 1만이 침입종이다. 프랑스에 기록되어 있는 6,000종의 식물 중 20% 이상이 비고유종으로 간주되지만, 100종 이상이 증식 추세를 보인다. 그 수가 상당히 높은 편이기에, 가능한 확산을 방지하는 것이 필요하다.

그렇다고 해서 살충제나 해충제 등을 사용하는 것은 올바른 해결책이 아니다. 이런 화학제품을 사용했을 때 나타날 결과는 우리

농업 생태계의 약화와 우리 땅의 동식물이 침입종에 자리를 빼앗길 가능성을 더 증가시키는 것뿐이다. 오히려 이러한 침입종들이 고유종을 쫓아내기 전에 가능한 빨리 새로운 서식지에 동화될 수 있도록 해야 한다. 그 핵심은 바로, 어떤 고유종이 침입종과 경쟁하며 침입종의 증식을 늦출 수 있는지 확인한 다음 고유종의 증식을 촉진하는 것이다. 농업 지역에서는 고유종의 개체 수가 많을수록 침입종의 증식을 제한하는 데 도움이 되는 고유종을 찾을 가능성이 높아진다. 생물다양성이 오히려 침입종의 확산에 맞서 싸울 수 있는 조건 중 하나가 되는 것이다.

따라서 농민들은 너무 전문화, 단순화, 기계화된 화학적인 산업형 농업보다는 다양성을 확보할 수 있는 농업 생산 시스템을 구현하는 것이 좋다. 그러나 농장이나 산지 등에서 생산과 활동의 다양화는 더 많은 작업을 요구하며, 농민들은 그에 따른 보상을 받아 마땅하다. 지금으로서는 환경에 관심을 갖고 그에 맞게 실천하고 있는 농민들을 장려하기 보다는 파괴적인 외래종을 화학적 방법으로 제거하는 데에만 - 너무도 헛되이 - 투자하는 경향이 있다.

33

농업은 지구온난화에 어떤 영향을 미칠까?

프랑스에서 온실가스 배출량의 20%를 차지하는 농업은 운송, 산업, 주택에 이어 지구온난화의 네 번째 주범이다. 합성비료 및 식물병충해 방제품의 제조 및 운송을 비롯하여 농업관련 산업에 대한 것을 전부 고려한다면 농업이 지구온난화에 미치는 영향은 30%로 증가하고 두 번째 주범의 자리까지 오르게 된다.

농업에서 발생하는 3가지 주요 가스가 지구온난화의 원인이 된다. 첫 번째는 이산화탄소(CO_2)로 농업에 쓰이는 연료가 연소되는 과정과 경작 후 부식토의 탄소 산화 과정에서 생성된다. 농업이 지구온난화에 미치는 영향의 20%는 모두 이산화탄소 때문이다. 두 번째는 반추동물이 되새김질 과정에서 트림으로 방출되는 메탄(CH_4)이다. 소, 양, 염소의 트림이 원인이 된다는 이야기가 허무맹랑하게 들릴 수도 있겠지만, 농업이 지구온난화에 미치는 영향의 24%는 전부 여기서 비롯된다. 실제로 메탄은 단위 부피당 이산화탄소보다 온실효과에 미치는 영향이 25배는 더 큰 가스다. 세 번째 가스는 아산화질소(N_2O)로 합성 질소비료(요소, 암모늄, 황산염 암모늄 등)를 살포하는 과정에서 발생하며, 농업이 지구온난화에 미치는 영향의 무려 56%를 차지한다.

농업에서 온실가스 배출량을 줄이는 것은 노력할 수 있고, 또 노력해야만 하는 분야다.

한 가지 해결 방안은 합성 질소비료의 사용을 콩과 식물(콩, 대두, 완두콩, 렌틸콩, 토끼풀, 개자리속 등)의 순환 재배 방법을 도입 하는 등 토양을 유기적으로 비옥화하는 방법으로 대체하는 것이다. 수확 후 남아있는 순환 작물의 잔여물은 헥타르당 최대 200kg의 질소를 토양에 남기며, 이는 토양을 비옥하게 만드는 데 충분하지만 합성 비료와 달리 아산화질소를 거의 배출하지 않는다.

또 다른 해결책은 부식토에서 탄소의 산화를 줄이기 위해 토양에 너무 잦은 쟁기질이나 과한 경작을 하지 않는 것이다. 지렁이는 토양의 토질을 부드럽게 만들기 때문에 토양을 경작하기 쉽고, 분뇨와 퇴비를 묻었을 때 작물의 뿌리에 갇혀있는 탄소를 격리할 수 있다. 더 많은 울타리를 심고 영구 초지의 면적을 확대함으로써 프랑스 농업은 향후 20년 동안 대기 중 이산화탄소에서 발생하는 100~300만 톤의 탄소를 저장하여 프랑스에서 배출되는 이산화탄소 전체 양의 약 1%를 줄일 수 있다.

이러한 해결책들은 유기농법으로의 전환과 같은 맥락으로 볼 수 있다. 유기농법은 현재 프랑스에서 상대적으로 쉽게 발견할 수 없는 농업으로 전체 농장의 단 9.5%, 전체 면적의 7.5%에 불과하다. 오늘날 많은 농부들은-유기농을 선호하는 사람이 아니더라도-지구온난화에 적응하기 위해서 지금까지의 관행을 바꾸어야 한다는 것을 인지하고 있다. 과거보다 더 이른 시기에 포도를 수확하고, 많은 농부들이 자신의 농업 지역보다 따뜻한 남쪽 지역에서 밀려온 침입종과 맞서 싸우고 있기 때문이다.

앞으로 다가올 미래에는 점점 더 불확실해지는 기후 상황에 대처하는 일이 가장 어려울 것이다. 2019년 8월, UN 기후변화 정부 간 패널IPCC 보고서는 극심한 기후 사변의 빈도와 그 강도가 점점 더 증가할 것이라고 예측했다. 잦은 폭염과 가뭄, 심각한 홍수, 더욱 파괴적인 위력의 우박, 더 이상 막을 수 없는 해수면 상승 등이 그러하다. 그렇기 때문에 농부들이 단일작물 재배를 피하고 생산 시스템을 다양화하여 그들이 재배하는 모든 경작물이 기후변화의 피해를 입지 않도록 하는 데 관심을 갖는 것이다.

34

산업형 농업은
수질오염의 주요 원인일까?

논란의 여지가 없다. 농업은 지표수와 지하수 오염의 주요 원인이고, 대부분 수많은 화학제품의 사용과 질산염 때문이다. 질산염은 축산업에서 발생한 폐수(가축의 분뇨, 물거름, 배설물)가 물을 타고 흐르며 무기물이 함유되면서 발생하는 경우가 많다. 곡물, 사탕무, 유채 등을 기르는 밭을 비옥하게 만들기 위해 사용하는 합성 질소비료 때문에도 질산염이 생긴다. 재배 작물은 질산염을 완전히 흡수하지 못하기 때문에, 포화상태의 질소는 지표수나 지하수로 유입된다.

브르타뉴 지방에서 질산염은 물을 타고 흘러 해안에까지 이르러 수년 동안 녹조류 번식 증가에 기여했고, 확산된 녹조류가 부패하여 독성이 매우 강한 황화수소(H_2S)를 배출한다. 가장 영향을 많이 받는 지역은 햇빛에 쉽게 노출되는 경사가 완만한 곳으로, 비교적 폐쇄되어 파도와 조수가 거의 없는 만에는 강물에 운반된 질산염이 이동을 멈추고 축적되는 지역이다. 프랑스에서는 매년 4~7만m^3의 녹조류가 일리옹Hillion, 생브리외Saint-Brieuc, 생미셸엉그레브Saint-Michel-en-Grève, 두아르느네Douarnenez 등의 지역에서 축적된다. 이를 제거하는 데에는 연간 30~50만 유로의 비용이 든다. 오늘날 브르타뉴 강의 31%에는 유럽연합에서 승인한 표준 수치(리터당 50mg)보다 높은 비율의 질산염이 포함되어 있다.

그럼에도 불구하고 피니스테르Finistère와 코트다르모르Côtes-d'Armor주의 프랑스 농업인총연맹FDSEA은 계속해서 거부 정책을 추진하고 있다. 연맹에서는 녹조류의 원인은 여전히 알 수 없다고 주장하는데다가 질소가 인산염만큼 녹조류를 증식시키지도, 또 농업이 산업만큼 문제가 되지 않는다고 말한다. 그렇다면 우리는 브르타뉴의 축산업 시스템을 부당하게 비난하고 있는 걸까? 결코 아니다! 인산염은 아주 오래전부터 강의 하구에 존재했다. 녹조류가 야기하는 연안 오염의 원인은 최근 유입되기 시작한 질산염이 분명하며, 질산염은 산업형 농업과 과밀사육의 축산업과 직접적인 연관이 있다.

녹조 현상을 억제하는 유일한 해결책은 근본적인 원인을 찾아 해결하는 것이며, 해당 지역의 축산업 과밀현상을 줄이고, 오물을 모으고 질소를 가둘 수 있도록 짚더미 위에서 사육하는 것이다.

질산염 다음으로 수질오염을 야기하는 두 번째 원인은 살충제다. 프랑스 대도시에서는 주로 제초제가 원인이 되고, 프랑스의 해외영토 지역에서는 살충제가 원인이 된다. 대표 살충제였던 클로르데콘은 전립선암 발생 위험을 증가시키며 오늘날에는 그 사용이 금지되었다. 내분비계 교란을 일으키는 강한 독성물질이 들어있는 제초제 아트라진도 1997년부터 사용이 금지되었다. 그러나 두 제품의 흔적은 여전히 지하수에 남아있다. 생분해가 매우 어렵기 때문에 제초제를 사용한 지 17년이 지났는데도 토양에 스며들어 그대로 남아있고, 조금씩 지하수층에 희석된다. 제초제의 잔류 현상을 알아챘을 때는 불행히도 이미 늦은 상태였다.

이러한 살충제 분자 중 일부는 내분비 교란 물질이다. 적은 용량으로도 장기간 반복 노출되면 특히 젊은 사람들의 건강에 해롭다. 그나마 다행인 것은 지하수층에서는 식수를 거의 얻지 않는다.

하지만 불가피하기만 한 것은 아니다. 제초제 사용을 제한하고 '잡초'를 제거하기 위해 사용할 수 있는 대체재를 찾는 방법도 있다. 복잡하고 까다로운 방법일 수도 있지만 현명하고 효과적인 방법이며, 유용 식물을 활용하여 잡초의 번식을 억제할 수 있다. 가장 효과가 좋은 유용식물로는 개자리속이 있다. 그늘이 많이 지면 잡초가 햇빛에 많이 노출되지 않기 때문에 자연스럽게 더 이상 자라지 않게 될 것이고, 종자 생산도 막을 수 있기 때문에 잡초의 다량 증식이 불가능하게 될 것이다. 이러한 방법은 축산업이 활발한 지역에서 더 유용하다. 잡초는 대부분 반추동물의 먹이가 되는 풀 주위에 많이 번식하기 때문이다.

콩과 식물을 순환하여 재배하거나 윤작하는 방식으로 합성 질소비료의 살포를 막을 수 있다. 진딧물을 먹는 무당벌레 같은 곤충들이 해충을 쫓아내도록 하여 살충제 사용을 줄이는 방법도 있다.

수질을 보존할 수 있는 강력한 생태적 방법은 충분히 다양하다. 공공 당국은 친환경적인 농업을 지원하기 위해 화학오염물질(합성질소비료, 살충제)을 사용했을 때 세금을 더 부과하는 방식으로 장려해야 한다.

35

팜유는
지구에도 해로울까?

선진국에서 소비가 꾸준히 증가하고 있는 팜유는 환경에 진정한 재앙과도 다를 바 없다. 적도 부근, 특히 동남아시아 수마트라섬과 보르네오섬에서는 팜유 생산을 위한 야자나무 단일재배 농장을 만들기 위해 매일 수천 헥타르의 울창한 산림을 벌목하고 불을 피우며 파괴하고 있다. 숲을 연소하는 과정에서 상당한 양의 온실가스가 배출되고, 자연의 터전이 망가지면서 야생의 보호 동물종(오랑우탄, 긴팔원숭이, 호랑이 등)의 멸종 위험도 증가하고 있다.

산업국가의 팜유 소비 열풍은 팜유 수입 비용이 매우 저렴하기 때문에 발생한 결과다. 적도 지역에서는 헥타르당 팜유 생산량이 북반구 국가에서 콩, 유채, 해바라기 및 다른 채유식물에서 얻는 생산량보다 훨씬 높기 때문이다. 또한 팜유는 식자재 또는 산업용으로도 그 활용도가 높다. 과자, 쿠키, 파스타면 등의 생산뿐만 아니라, 비누나 농업연료 생산 등에도 쓰이기 때문이다.

남반구의 빈곤한 국가에서는 팜유가 식이와 관련해 장점이 있다고 알려져 있다. 팜유에는 비타민 A의 전구체인 베타카로틴이 풍부하여 시력 저하를 예방하는 효과가 있기 때문이다. 그러나 북반구의 선진 국가에서는 팜유가 정제되어 있기 때문에, 정제 전 함유되어 있었던 비타민 E, 비타민 A는 소멸되는 반면 혈중 콜레스테롤 수치를 높이는 포화지방산이 많이 들어있다.

팜유는 농산물 가공회사들에게는 장점이 될 수 있는 2가지 큰 특징이 있다. 바로 높은 산화안정성과 물과 만나면 높아지는 점성이다. 그래서 냉동식품이나 페이스트리, 케이크, 쿠키 등을 만들 때 유용하다. 그럼에도 불구하고, 오늘날에는 팜유 사용을 제한하려는 움직임이 특히 그린피스 같은 환경단체를 중심으로 일어나고 있으며, 점점 더 많은 대형 브랜드 마트와 슈퍼마켓 등에서 '팜유프리' 제품을 찾을 수 있다. 하지만 소비자는 제품의 포장지를 살필 때 매우 주의해야 한다. 단순히 '식물성 기름'만 포장지에 언급되어 있다면 정제된 팜유가 포함되어 있을 가능성이 높다. 올리브, 해바라기, 땅콩 등 사용된 기름의 이름을 정확히 언급했다면 안심해도 좋다. 제품 판매량을 높이기 위해 식품가공업체들은 사용한 기름을 투명하게 밝히는 것이 더 낫다는 사실을 알고 있기 때문이다.

현대인들은 1일 섭취량의 40%에 해당하는 트랜스지방을 섭취하는데, 과거보다 앉아있는 시간이 더 많기 때문에 – 자동차, 엘리베이터, 에스컬레이터 등의 사용이 빈번해진 만큼 – 하루 신체 활동량이 줄어들어 나쁜 지방을 다량 섭취하는 것과 다름없다. 그런데 우리의 신체는 소비하고 남은 – 식물성, 동물성 – 지방을 저장한다. 우리가 순간적으로 허기지거나 신체 활동이 증가했을 때 이렇게 저장된 지방은 에너지로 변환되어 우리가 계속 움직일 수 있도록 중요한 역할을 한다. 하지만 허기짐을 느낀다고 해서 곧바로 우리가 저혈당이라거나, 병에 걸릴 위험이 있다는 의미로 직결되는 것은 아니다! 오늘날 선진국에서는 지방(식물성, 동물성 지방)을 과도하게 섭취할 수 있는 식단을 쉽게 접한다. 우리 몸에 비축되어 있는 지방을 에너지원으로 변환하기에는 그 양이 너무 많다. 궁극적으로 우리의 일반적인 식단은 이제 더 이상 우리의 생활 방식과 맞지 않다. 그렇기 때문에 지속적인 변화의 노력을 기울이고, 트랜스지방의 섭취를 줄이는 것이 필요하다.

정제된 팜유와 같은 트랜스지방은 내분비 교란물질만큼이나 선진국 사람들의 건강한 기대 수명을 줄이는 데 기여한다. 그래서 점차 콩, 올리브, 유채 기름처럼 영양이 높은 품질 좋은 기름으로 팜유를 대신하는 데 관심이 증가하고 있다. 문제는 콩과 식물의 작물에서 헥타르당 생산되는 기름의 양이 야자나무에서 생산되는 팜유의 양보다 더 적고 가격은 더 비싸다는 것이다.

가장 시급한 것은 농업연료 제조를 위해 사용하는 팜유 수입을 중단하는 것이며, 이는 우리가 비싼 연료를 사용해서 이동하는 거리를 줄이지 않고서는 한계가 있다.

36

농업연료는 환경에 이로울까?

이름만 들어보면 환경에 이로운 것처럼 보였다. 화석연료의 소비를 줄이고, 태양에너지를 통해 휘발유와 경유를 재생 가능한 농업연료로 대체하여 화석연료의 온실가스 배출량을 줄이는 것이 목표였지만 현실은 매우 다르다.

프랑스에서는 두 종류의 농업연료를 생산한다. 사탕무, 옥수수 전분, 밀 전분에서 추출한 에탄올, 유채기름과 팜유, 때때로 해바라기 기름 같은 식물성 기름으로 만든 경유대체연료가 있다.

그러나 1L의 에탄올을 생산하기 위해서는, 즉, 사탕무에서 설탕을 추출하고 그것을 농업연료로 변환하기 위해서는 얼마나 많은 화석연료를 소비해야 할까? (이를 계산하기 위해서는 사탕무를 재배하기 위해 가동되는 트랙터에 사용되는 휘발유의 양과 화석에너지를 사용하는 합성 질소비료의 양을 고려해야 한다.) 1메가줄(에너지 측정 단위)의 에탄올을 생산하기 위해서는 1메가줄의 화석에너지가 필요하다. 다시 말하면, 1L의 농업연료를 생산하기 위해서는 1L의 석유가 필요하다는 것이다. 객관적인 이익은 최소라고 할 수 있다.

경유대체 농업연료 부문은 1메가줄의 화석연료만으로 2.2메가줄의 농업연료를 생산할 수 있어서 화석에너지 소비가 더 적다. 그러니 긍정적이라 생각할 수도 있다. 경제학자들이 말하는 '토지의 기회비용', 즉 토지의 용도를 변환하는 데 드는 비용을 고려하지 않는다면 말이다. 유채는 농업연료로 전환되면서 우리가 식용으로 활용할 수 있어도 더 이상 식용유로 생산되지 않는다. 그렇다면 여기서 발생한 식용유 생산량 감소는 어떻게 보충할까? 식용유와 소량의 다른 유채의 수확량을 늘리기 위해 합성 질소비료와 화석 에너지를 사용해야 한다. 결과적으로는 경유대체 농업연료의 환경에 대한 기여도는 전혀 없고, 오히려 부정적이다.

철저히 회계적 관점에서 분석한다면 브라질의 경우는 조금 다르다. 브라질에서 에탄올은 사탕수수로 만들어지는데, 브라질은 낮에는 밝고 밤에는 기온이 온화한 일조량이 높은 국가이기 때문에 프랑스산 사탕무보다 수익성이 더 높다. 마찬가지로, 인도네시아에서는 팜유가 풍부해서 저렴한 가격의 경유대체 농업연료를 생산할 수 있다. 인도네시아에서는 적도 기후의 영향으로 아자나무가 1년 내내 광합성을 하며, 그 수확량은 프랑스의 유채나 해바라기보다 훨씬 높다.

인위적으로 토지의 생산성을 높이기보다, 우리는 브라질에서는 에탄올을, 인도네시아에서는 경유대체 농업연료를 수입하는 편이 더 나은 것은 아닌지 의문을 가질 수도 있다. 하지만 그 대답 역시 '아니오'다. 더 나쁜 선택이 될 것이다. 사탕수수 농장을 확장하기 위해 아마존 열대우림을 파괴하고, 팜유 농장을 만들기 위해 보르네오섬을 망가뜨리는 것은 가히 비극적인 삼림파괴와 다름없다. 또

한 재배 가능한 토지를 확보하기 위해 불에 타 연소된 숲은 지구온
난화 측면에서도 치명적인 온실가스를 배출한다. 이 모든 점을 통
틀어, 농업연료가 우리에게 가져다 줄 수 있는 긍정적인 에너지 균
형의 측면에서 타당성이 거의 없다.

화석에너지를 절약하기 위해서나 온실가스 배출을 감소를 위해
서, 설탕, 전분, 식물성 기름에서 유래하여 생산되는 농업연료는 분
명 잘못된 생각이다.

37

산업형 농업은 생물다양성을 어떻게 위협하고 있을까?

농산물 가공식품 산업의 요구에 답하기 위해, 대부분의 프랑스 농부들은 재배 작물의 다양성을 제한하고 점점 더 자동기계화 된 생산 시스템을 마련하여 더 많은 양의 화학제품을 사용해 생산 비용을 줄여야 했다. 합성비료, 제초제, 살충제, 살균제, 쥐약, 면역제, 구충제, 호르몬, 항생제, 항염증제 및 다양한 보조제들이 바로 그 예다.

살충제 살포로 소멸된 생물다양성은 식물 품종, 동물 품종, 야생 동물종, 토양에 영향을 줄 뿐만 아니라 숲과 논밭 등의 생태계를 약화시킨다. 한편, 숲은 환경적으로 많은 이점이 있다. 생울타리에는 수많은 이로운 새와 곤충이 서식하고 있기 때문이다. 논밭도 마찬가지이다. 논밭에는 벼이삭, 수생식물, 푸른 조류, 오리, 물고기, 달팽이, 게, 곤충 등이 공존한다. 프랑스 국립과학연구센터CNRS의 관찰 결과에 따르면, 프랑스는 지난 20년 동안 조류의 3분의 1을 잃었고, 농지에서 서식하는 참새목의 개체 수는 더 크게 감소했다. 철새들이 이주한 탓도 있지만 농지에서 발견할 수 있는 새의 개체 수는 산림, 습지, 늪 등에서 발견되는 수에 비해 훨씬 더 감소했다.

자연에서 농업지역으로 이주한 새들이 너무 오래 머무르면 죽는다는 증거이다.

산업형 농업은 일명 '광산식 채굴' 농업이라고도 한다. 채굴한 광물을 재생하지 않고 추출하기만 하는 광업처럼, 산업형 농업은 토지를 비옥하게 만드는 유기물이나 무기질을 재생처리 하지 않고 토지를 이용하기 때문이다. 우리는 아마도 이런 방식의 농업이 가져다줄 모든 결과를 예측하지 못하고 있다. 재배 가능한 품종과 동식물종이 완전히 사라지지 않도록 하기 위해서 노르웨이의 스발바르Svalbard 제도 같은 지역에서는 종자를 거대한 '냉장고'에 저장해 두기도 한다. 그렇다면 훗날, 저장해 두었던 종자를 인류가 꺼내어 다시 심을 수도 있을까? 이는 꽤나 순진한 생각이다. 그날이 왔을 때, 종자를 심게 될 미래의 생태계는 진화해 있을 것이니 말이다. 생물다양성을 보존하기 위해서는 자연 상태의 변화에 맞추고 지구온난화와 점점 더 불확실해지는 전 세계 기후에 적응할 수 있도록 해야 한다. 냉장고에 보관해 두었던 과거의 종자로는 자연적으로 진화하여 변화된 생태계에 효과적으로 다시 심을 수 없다.

사실상 해결책은 하나뿐이다. 각 지역의 생물다양성을 보존하여 가능한 모든 종이 우연한 자연 상황 속에서 번식하고, 돌연변이를 일으키기도 하고, 진화할 수 있도록 하는 것이다. 자연선택에 맡겨야 한다. 전 세계의 복잡한 농업생태계를 발전시키고 공동의 차원에서 환경 보존을 보장해야 한다. 지구온난화를 완화하고, 식수의 접근성을 높이고 (식물은 물이 강이나 지하수층으로 흘러 들어가기 전에 많은 수의 화학 분자를 걸러 내거나 흡수한다), 꽃의 수분, 습지 정화, 해충 및 병원균의 중립화(완전박멸이 아니다), 침식에 대한 토양의 보존, 돌발적인 위험에 대한 회복력, 화재, 홍수, 산사태 등의 예방 등이 바로 그것이다. 반드시 기억해야 할 사실은, 우리는 더 맛있는 음식을 맛보는 즐거움을 다시 발견할 수 있고 자연의 아름다움과 다양성을 다시 음미할 수도 있다.

38

종자의 다양성은
왜 줄어들고 있을까?

수세기 동안, 농부들은 직접 농장에 심을 씨앗을 골랐다. 농장에서 수확하기 가장 좋은 씨앗을 조직적으로 선택했다. 일명 '개체 선발' 방식으로, 다양한 토지 환경에 따라 다르게 적응하는 품종의 다양성을 자연선택의 관점에서 접근하는 방법이었다.

이 모든 것은 약 1세기 전, 공공부문과 민간 종자 회사의 연구원들이 '다양성 개선'이라 부르는 품종 개발 사업에 막대한 투자를 하면서 변화하기 시작했다. 즉, 매우 많은 지역에서 헥타르당 더 높은 수확을 얻을 수 있는 다양한 식물 품종에 초점을 맞추는 것이다. 유전자 연구 분야에 투자한 금액을 최대한 빨리 상각하고 수익을 올리기 위한 방법으로, 실제로 소수의 토양에서만 새로운 품종을 심거나 촉진하는 것은 논의할 여지가 없었다.

이러한 관점에서 비시Vichy에서는 1941년에 프랑스 종자식물 전문가 기구GNIS를 창설했고, 종자 선별사, 배양사, 도매상인, 농부 등의 그룹 내 진입을 환영했다.

GNIS에서 발급한 전문가 카드를 사전에 소유하지 않는 경우 종자 감별사나 배양사로 직업 활동을 하는 것을 금지하는 현상이 매우 빠르게 나타났다. 또 다른 금지 사항은 "공식 품종 목록"에 등재되지 않고 허가받지 않은 새로운 품종의 상품화였다. 그 이후로 목록에 적힌 몇 가지 종자만이 판매 승인을 받았다.

처음에는 서로 경쟁하는 과정에서 종자 회사들이 빠른 속도로 추려졌다. 그 결과, 현재 세계 종자 시장은 매우 적은 수의 다국적 기업에 의해 지배되고 있다. 바이엘(몬산토의 현 소유주), 파이오니어, 신젠타, 리마그레인이 세계 종자 시장에서 차지하는 비중은 무려 60%에 달한다. GNIS 내에서 이 기업의 영향력은 계속해서 증가하며, 미국에서 시행 중인 특허 시스템과 점점 더 유사해지는 식물 품종인증서COV 시스템을 도입하기도 했다. 법에 따라 농부들은 종자 회사들에 로열티를 지불해야하며, 이를 '자발적 의무 기부'(글자 그대로의 의미)라고 한다. 농부들은 자신이 선택한 품종을 재배할 때나, 그들이 수확한 종자로 다시 심어 재배를 할 때마다 로열티를 지불하는 것이다.

미국에서는 옥수수, 대두, 면화의 90% 이상이 유전자변형 종자에서 재배되며, 그중에는 바이엘과 몬산토가 대부분의 특허를 보유하고 있다. 이들은 엄격하게 종자에 대한 권리를 관리하고, 매년 그들 기업의 종자를 재사용하는 농부나 중소기업에 대해서는 법적 조치를 취한다. 이 경우, 농부는 최대 300만 달러의 벌금형에 처해질 수 있고, 평균 벌금액은 약 38만 달러다. 파산에 이를 수 있는 금액이다.

최악의 경우는 만일 몬산토 산 종자를 심은 옆 농장에서 바람을 타고 또는 새의 이동으로 종자가 옮겨져 당신의 농장에 심어졌다면 몬산토(현 소유주 바이엘)가 당신을 고소하고 손해 배상도 청구할 수 있는 것이다.

　프랑스와 유럽의 일부 시민사회는 예방 원칙의 이름으로 유전자변형작물 재배에 반대해 왔다. 우리의 '자발적 반대'는 행동파적인 움직임을 보였지만 아무런 소용이 없다. 그러나 GMO 작물 재배가 프랑스에서는 (아직) 승인되지 않았다고 하더라도, 농부들이 더 이상 과하게 제한된 수의 식물 종자만 사용할 수 있다는 사실에는 변함이 없다. 너무 제한된 나머지 '품종의 다양성'에 대해 말하는 것이 민망할 정도다.

　프랑스 의회가 제출한 농업 및 식품 부문의 상업 균형과 모든 사람을 위한 건강하고 지속 및 접근 가능한 식생활과 먹거리에 관한 법률인 일명 '에갈림EGalim' 법은 2018년 10월 2일에 투표되어 마침내 농부들이 등록되지 않은 품종을 판매할 수 있도록 허가하는 것처럼 보였지만, 헌법재판소는 이 법안을 검열했다. 이 법의 목적이 '명확하지 않다'고 생각했기 때문일 것이다.

　다행히도 2003년에 소농민들의 '종자 네트워크' 및 종자 협회 코코펠리Kokopelli는 GNIS의 목록에 기재되지 않은 종자를 재생산하고 판매하는 것을 재안했다. 1999년에 설립된 코코펠리는 수백 가지의 토마토, 호박, 후추, 및 양상추를 판매한다. 이 모든 것들이 완벽히 합법적인 것은 아니지만 우리의 시골과 밥상에서 만날 수 있는 다양성을 보존하는 데에는 유익함에 틀림없다!

39

왜 일부 소 품종만
살아남게 되었을까?

프랑스의 오제Auger, 바스크Basque, 브레스Bress, 가론Gronne, 랑드
Landes, 베스Besse에서 자란 다양한 젖소 품종을 지금도 볼 수 있을
까? 전혀 그렇지 않다! 분명 어떤 이유로 이 품종들은 너른 초원에
서 사라졌다. 아르모리크Armorique, 낭트Nantes, 가스코뉴Gascogne, 푸
아투와 브르타뉴의 늪지대에서 자란 송아지 품종도 모두 멸종 위
기에 처해있기 때문에 소수의 특권층 사이에서만 소비된다. 해당
품종의 사육을 고집하는 사람들을 보고는 바보라고 부르기도 한다.

오늘날 프랑스 낙농업의 80%는 홀스타인, 노르망디, 몽벨리아
르 지역의 세 품종으로만 생산된다. 홀스타인 품종은 프랑스 정통
품종은 아니며 털이 검고 앙상하다. 우유 생산량이 높기 때문에 다
른 두 품종과 같은 이유로 선택되었다.

이러한 품종의 희소성이 문제가 되고 있다. 만일 한 품종이 점
차 사라지게 되면 그 품종의 유전자, 해당 품종 무리의 특성 및 행
동양식도 전부 함께 사라진다. 우리는 지구온난화와 기후사변(혹
한, 우박, 가뭄, 홍수 등)의 발생 빈도가 증가하면서, 다양한 식물군과
동물군 품종의 멸종을 막고 이러한 품종들이 기후변화에 적응하고

또 저항성을 지닐 수 있도록 하는 것이 시급하다는 것을 인지했다. 질병도 마찬가지이다. 즉 가축 사이에서 발생하는 전염병의 경우도 품종이 몇 가지 남지 않은 상태에서는 대처하는 것이 점점 더 어려워진다. 전염병이 발생한다면 세 품종밖에 남아있지 않은 소 무리에 영향을 미칠 것이기 때문이다. 그렇다면 품종의 멸종을 막기 위해서 우리는 무엇을 해야 할까?

현재, 젖소 선택 기준은 매우 제한적이다. 젖소 한 마리당 우유 생산량, 지방 함량(버터와 치즈를 만들 수 있는 우유 내 지방 함량), 단백질 함량(치즈 생산 시 고려)을 살핀다. 물론 젖소의 움직임, 질병에 대한 저항성도 기준으로서 고려되지만 부차적인 것이다. 반면, 다양한 유전적 특징은 고려 사항이 아니다.

또한 세 품종의 소들은 각각 유전적 정보가 구성을 더 악화시키는 근친 교배의 증거를 발견할 수 있다. 더 좋은 품질의 우유 생산을 보장하기 위한 방식으로 우선 황소 무리에게만 적용되었다. 대량의 우유를 생산할 가능성이 있는 소만 (인공 수정을 통해) 번식시킨다. 그렇게 수정된 젖소는 송아지를 낳고, 암컷에 대해서는 우유, 버터 및 단백질 등의 유제품 생산량을 측정한다. 이렇게 선택된 황소는 또 다른 암컷 젖소와 교배된다. 엄마 젖소에 이어 딸, 손녀 젖소와 근친 교배가 이루어진다. 만약 황소 한 마리에게서 태어난 많은 후손들 사이에서 우유 생산이 유독 높은 수익성을 보이면, 낙농업자는 이 황소와 더 많은 젖소들과의 교배를 촉진하고, 황소가 죽었을 때에는 얼른 황소의 정액을 채취하여 인공 수정센터에 보낸다.

이 보다 더 놀랍고 끔찍한 예도 있다. 오늘날 품종의 선택은 암컷에서도 이루어진다. 좋은 배아를 만들어 대리모에게 이식하는 방식으로 배아를 대량 생산하는 것이다. 젖소들이 이런 방식으로 번식하면 같은 부모를 둔 송아지들이 증가하고, 이는 결국 근친 교배 현상을 더 악화시킨다. 그나마 다행인 점은, 엘리트 젖소의 완전한 복제는 아직 현실화되지 않았다는 것이다.

동일한 방식으로, 소고기 품종도 선택되었다. 품종 선택의 기준은 고기의 중량이었다. 큰 송아지를 낳을 수 있는 젖소를 선택하는데, 새끼가 너무 큰 나머지 분만 시에 잡아당기기가 어려우며 때때로 어미 젖소와 송아지가 모두 목숨을 잃을 확률이 높다.

이렇게 편향된 방식에 대한 책임은 모두 낙농업자들에게 있을까? 물론, 그들이 좋은 품종의 정자를 얻기 위해 분주한 것은 사실이다. 또, 배아 이식 비용을 꽤 비싸게 지불하고 있는 것도 사실이다. 그러나 그들에게 다른 선택권이 있을까? 낙농업자들에게는 무엇보다 우유 생산량을 최대로 높여 경쟁력을 유지하는 것이 유일한 방법일 것이다.

돼지와 가금류에서도 근친 교배라는 동일한 문제가 발생하고 있고, 다양한 품종이 이미 많이 사라졌다. 다행히 일부 사육 농가에서는 프랑스 품종의 다양성을 유지하기 위해서 작은 규모이지만 가금 사육장을 유지하고 있다. 공장식 축산의 형태로 자라는 육계나 암탉의 유전적 유산은 젖소보다 더 초라하고 빈곤하다. 양이나 염소 사육도 같은 상황이지만, 그 정도는 현재 상대적으로 덜 위협적인 상태이다.

그나마 긍정적인 점이 있다면 소수의 사육 농가가 위기 상황임을 인식하고 새로운 세대를 형성하기 위해서 시골에 남아있는 품종을 통합시켜 다양화를 시도하고 있다. 하지만 여전히 문제는 표본이 적은 멸종 위기에 처한 품종을 재생산하고 활성화 한다는 것이 어렵다는 점이다. 재생산된 품종의 후손 번식은 근친 교배로 이어질 위험성도 매우 높다.

40 꿀벌은 앞으로 멸종하게 될까?

꿀벌과 다른 수분 및 야생 곤충들(말벌, 뒝벌, 꽃등에)의 수는 특히 산업 농업이 우세한 서유럽이나 북미 등을 포함한 세계 곳곳에서 지속적으로 감소하고 있다. 프랑스도 예외는 아니다. 프랑스의 꿀 생산량은 20년 만에 절반 이상 감소했다. 벌집의 수도 2010~2018년 동안 20%나 감소했다. 프랑스 양봉가에서 생산하는 꿀은 30%만을 차지하고, 나머지 70% 가량은 외국에서 수입되는 꿀이다. 중국에서 수입되는 꿀은 대부분 이물질이 섞여있다.

이러한 현상을 한 가지 원인으로만 연관 지어 해석할 수는 없다. 꿀벌이 점진적으로 사라져가는 이유는 다원적이고 또 상호적이다. 꿀벌 멸종의 책임이 있다고 자주 지목되는 살충제로는 Poncho, Gaucho, Cruiser라는 이름으로 판매되는 네오니코티노이드가 있다. 소위 '순환계'를 괴롭히는 살충제로, 종자를 얇은 막으로 감싸 즉각적인 효과를 야기하지는 않지만 점진적으로 식물에 침투한 뒤 생리적 기능을 조절하여 식물이 병충해에 저항할 수 있도록 한다. 이러한 저항 기능은 식물이 성장하는 전반에 걸쳐 적응 및 반응하는 유전자변형작물도 유사하다. 식물이 일단 발아하면, 종자에 점점 스며들었던 살충제 성분은 잎과 줄기뿐만 아니라 꿀벌이 영양분으로 삼는 꽃가루와 꿀에도 잔류하게 된다. 극소한 양의 살충제라고 하더라도 꿀벌이 이를 흡수하게 되면 엄청난 피해가 발생한다. 정신이 혼미해진 꿀벌이 벌집을 찾아 돌아가는 길을 잃게 된다.

꿀벌의 목숨을 빼앗는 또 다른 요인들이 있다. 그중에는 침입종 아시아 말벌이 있다. 아시아 말벌은 유충에게 먹이를 제공하기 위해서 벌집 주위를 맴돌다가 꿀벌이 자리를 비운 사이 무단으로 점거한다. 두 종류의 기생충, 꿀벌을 괴롭히는 진드기*Varroa destructor*와 아주 미세한 곰팡이Nosema ceranae는 벌집 안에 있는 꿀벌들에게 매우 심각한 피해를 입힌다. 꿀벌을 향한 생태계의 공격은 이미 살충제에 노출되어 야생 환경이 저하되고 국내 식물의 생물다양성이 감소한 상황에서는 더욱 치명적이다.

통계적으로 꿀벌이 점차 멸종하는 것은 살충제의 영향으로 약해질 대로 약해진 꿀벌 사이에서 먹잇감을 찾는 기생 곰팡이 등을 비롯한 위 요인들에 전적으로 기인하는 것은 아니다.

무엇보다도 꽃가루와 꿀이 점점 부족해지는 생물다양성의 감소가 원인이다. 국내의 꿀벌은 말벌, 꽃등에 및 기타 야행 수분 곤충들과 마찬가지로 생물다양성 감소의 최대 피해자다. 산업형 농업은 작물 순환 재배의 단순화(해마다 감소하는 식물종), 윤작법(같은 토지에서 일정 기간에 재배되는 식물종의 다양성이 점차 감소하고 있다), 작물 종류의 소수화, 기계 활용을 용이하게 하기 위한 생울타리와 풀숲 제거 등으로 대표되는 만큼 생물다양성 감소에 절대적 책임이 있다. 게다가 아시아 말벌의 침입도 산업형 농업으로 인한 우리 생태계의 약화와 관련이 있다. 오늘날 프랑스의 80개 주를 비롯한 스페인, 이탈리아, 벨기에 등지에서 아시아 말벌의 침입을 발견할 수 있다.

꿀벌의 감소가 양봉업계 및 꿀 생산업만 영향을 미치는 것은 아니다. 위협은 더욱 심각하다. 수분 곤충의 수가 일정 선 아래로 떨어지면 수많은 재배 식물과 야생 식물에서 더 이상 수정이 일어나지 않기 때문이다. 사과나무, 배나무 등 식용열매를 맺는 나무의 80% 이상이 꿀벌과 수분 곤충을 통해 수정한다. 우리 생태계의 운명을 가를 수 있는 수치에 도달하기 전에 이런 추세를 반전시키는 것이 시급하다.

이를 위해 유럽식품안전기구AESA는 가장 유해한 살충제의 사용을 제한할 것을 권고하고 있다. 프랑스 정부가 2012년 6월, 유채 재배에서 살충제 사용을 금지하여 그 노력을 보여주기는 했지만 양봉업계에서는 이러한 조치가 옥수수 재배로 확대되기를 희망하고 있다. 식물병충해 방제품 제조업체의 영업과 관련해서, 벨기에 브뤼셀에서는 가능한 해당 농약이 유통되지 않도록 정부와 위원회에 압력을 가하고 있다. 네오니코티노이드의 경우, 프랑스 정부는 모든 식물에 사용 금지를 내리지는 않았다. 높은 위험성에도 불구하고 많은 농부들은 여전히 작물 재배에서 아무렇지 않게 사용하고 있다.

그러나 장기적인 관점에서 보았을 때, 재배 식물의 수분이 줄어든다면 결국 우리가 먹는 농작물 수확량에도 강력한 위협이 될 것이다.

41 물은 언젠가 부족해질까?

태양에너지로 물의 순환은 계속되고, 공룡이 살았던 과거의 지구와 마찬가지로 오늘날 지구에는 여전히 그만큼의 많은 물이 있다.

그러나 지구온난화로 인해서 물은 과거 그 어느 때보다 조금씩 줄어들고 예측 불가능한 자원이 될 것으로 예측되고 있다. 물은 고갈될까? 얼마나 사라질까? 빈번히 발생하게 될 일이 될까? 급격히 진행될까? 현대의 지구에서 살고 있는 우리가 가질 수 있는 질문들이다.

우선, 미래에는 주기적으로 내리는 작은 비는 점점 줄어드는 반면 낮 동안 갑자기 쏟아지는 폭우가 빈번해지고 그 후 며칠 동안은 비가 내리지 않는 메마른 기후에서 살게 될 것이다. 높은 강수량의 폭우는 작물을 전부 휩쓸어 버릴 수 있고, 표토에 제대로 흡수되지 않아 뿌리가 영양분을 공급할 수 없어서 결코 농업에 유익하지 않다. 이것이 온화한 유럽 기후에서 우려되는 현상이라면, 열대지방에서는 그 정도가 더 심각할 수밖에 없다. 그러다 보니, 농업에 관개할 수 있는 물을 확보하는 데 더 큰 관심을 가지는 것은 당연한 결과일 것이다. 그러나 물을 가둘 수 있는 댐을 건설하기에 가장 유리한 지역에는 댐이 이미 건설되어 있다. 게다가 지하수면에서 펌프질로 물을 끌어 올리면 지하수면의 수위가 급격히 낮아질 수 있다. 농업은 (축산업을 포함하여) 아주 오래 전부터 물을 가장 많이 소비하는 경제활동 분야이다. 지표수와 지하수에서 농업이 끌어다 쓰는 물의 양은 전 세계 채수양의 약 70%를 차지하며 산업(20%)과 가정에서 소비하는 양보다 훨씬 많다. 농업에서는 주로 식물의 관개를 위해 사용되며, 남은 물은 축산업에서 가축에 물을 주고 축사 청소를 위한 용도로 쓰인다. 오늘날 관개 농업은 전 세계 식량 공급의 40%를 책임지고 있고, 경작지의 약 20%에서 이루어지고 있다. 이미 선진국에서 경험했듯이, 남반구의 많은 국가들이 극도로 빠른 도시화를 진행하면 산업과 가정에서 활용하기 위한 담수의 수요가 급격히 증가하게 될 것이다. 프랑스와 서유럽에서는 채수의 50%는 농업 때문이다.

우리는 도시와 시골 간의 심각한 물 사용 갈등에 직면했다. 관개농업은 도시화보다 앞서 발생한 것이기 때문에, 농부들은 도시인들이 그들의 물을 빼앗아 간다고 생각한다. 물 사용을 두고 벌어지는 긴장관계는 알제리와 같은 북아프리카 도시와 반건조 기후 지역에서 이미 두드러지고 있다. 인도에서는 상황이 더 심각하다. 갠지스 강의 골짜기에서는 관개를 위해 지하수면의 수면이 계속 낮아질 정도로 과도하게 끌어 올리고 있다.

문제는 프랑스에서 특히 옥수수 관개 농업 단일 재배가 활발히 이루어지고 있는 남서부 지역(푸아투샤랑트, 랑드, 샬로스, 베아른 등)에서 발생하기 시작했다. 2015년에는 프랑스 정부가 타른Tarn의 지류인 테스쿠Tescou를 가로질러 건설될 예정이었던 시벤스Sivens 댐을 단념할 수밖에 없었던 심각한 갈등이 있었다. 강에서 물을 바로 공급할 수 없기 때문에, 오늘날 많은 농부들은 겨울철 강의 깊은 곳에서 물을 펌핑하여 끌어올린 다음, 8월에 옥수수 농업에 관개할 목적으로 햇빛에 노출되는 저수탱크에 저장해둔다. 그러나 이렇게 저장된 물의 3분의 1은 결국 햇빛에 증발하고 지하수면은 계속해서 낮아진다.

농업, 산업 및 개인 간의 갈등과 때때로 시골에서 일어나는 농부와 어부 간의 갈등은 증가하고 있다. 사실, 강물 속에 물고기가 계속 생존할 수 있기를 바란다면 강물의 최소한의 흐름은 유지해야 한다. 그래서 비가 많이 올 때는 물이 필요한 겨울 작물을 재배하거나, 물을 덜 소비하고 물 스트레스에 상대적으로 덜 민감한 다른 여름작물 – 수수, 대두, 해바라기, 개자리속 등 – 을 재배하여 작물의 순환을 다양화하는 방식으로 옥수수에 대한 관개를 줄이는 것이 시급하다. 왜냐하면 옥수수는 더운 계절이 많고 우기가 있는 열대지역에서 잘 자라는 식물이기 때문이다. 하지만 프랑스는 더운 여름철에 강수량이 가장 낮다! 따라서 프랑스에서 옥수수 재배를 무분별하게 확장하는 것은 최선의 방법이 아니다.

관개를 위한 물 낭비를 줄이고 필요한 곳에 더 잘 분배하고, 구획된 토지까지 물을 공급하는 방식을 다시 검토하고, 경작된 식물의 급수를 더 개선할 수 있다. 관개를 다른 방식으로 더 효율적으로 수행 가능한 기술이 있다. 가장 잘 알려진 것은 바로 점적 주입 방법이다. 강, 호수, 지하수층에서 물을 채취한 다음 고무관을 타고 흘려보내서 물이 이동하는 과정에서 증발하는 것을 방지하고 일정한 간격으로 뚫려있는 구멍으로 물을 점적으로 급수하는 방식이다. 이 시스템은 수목재배, 채소재배, 포도재배에 매우 효과적이지만 그럼에도 불구하고 2가지 단점이 있다. 설치비용이 매우 비싸고, 물에 조금이라도 염분이 있으면 소금이 식물의 뿌리 부근에서 축적되는 경향이 있기 때문에 토양의 염도가 증가하는 피해가 발생할 수 있다. 따라서 많은 양의 물을 급수하면 땅 속 깊숙이 물이 스며들면서 축적되어 있던 소금을 추출해내며 이때 표토에는 영향을 끼치지 않는다. 반건조 기후 지역에서는 점적 주입 방식으로 이미 토양의 염도가 잔뜩 높아진 상태다.

그러나 체계적으로 관개하는 방법을 추진하기 전에, 우선 빗물을 더 잘 사용하고, 빗물의 유실은 피하며 토양의 침투를 촉진할 수 있도록 하는 것이 더 낫다. 예를 들어, 빗물의 유출을 방지하거나 줄이기 위해서 토지에 최대한의 식생을 보존하고, 여과용의 작은 둑이나 제방을 설치하거나 작은 풀숲을 심을 수도 있다. 그리고 표토에서 재배 식물의 뿌리가 여과된 물을 오래 보유할 수 있도록 하기 위해 식물의 잔여물, 거름, 퇴비 등을 활용한 유기농법을 통해 부식토의 비율을 유지하거나 더 높이는 것이 중요하다.

가까운 미래에는 진정 물이 부족해질 수도 있다. 그러므로 우리는 빗물을 농업용으로 더 활용할 수 있도록 노력함으로써 관개를 위해 비축된 물의 양을 줄여야 한다. 이를 위한 기술은 결코 부재하지 않다.

42

나무는 농업의
핵심 도구가 될 수 있을까?

고대시대부터 작물과 축산을 결합하는 농업 방법이 존재했다. 오늘날 우리는 이것을 산림농업이라고 부른다. 그러나 농부들은 고대시대부터 전해져 내려온 산림농업 방식은 방치한 채, 기계가 움직일 길을 만들기 위해 아무 죄 없는 나무와 관목을 베어 평평한 토지를 구획하여 농업을 기계화하고 집중적인 생산에 치중하고 있다. 프랑스에서는 20세기 후반부터 농업 토지 위에 있는 나무들을 대량으로 뿌리 채 뽑아버렸다. 1940년대는 6억 그루에 달하던 나무 개체 수는 2000년에 들어 2억 그루로 감소했다.

그러나 산림농업은 국립농학연구소INRA 연구원들이 개발한 집중 생산식 농업보다 훨씬 더 이로운 농업 방법이다. 우선, 토양을 자연적으로 비옥하게 만들고 수확량을 증가시킬 수 있기 때문이다. 실제로 산림농업을 위해 토지의 가장자리에 심은 나무와 관목은 뿌리가 깊어서 지하에 있는 미네랄을 가져와 잎에 저장하고, 그 잎이 낙엽이 되어 떨어지면 유기물이 되어 토양을 비옥하게 만든다. 화학비료를 사용하지 않고도 더 나은 수확량을 보장할 수 있는 것이다. 또한, 우거진 나무 그늘에 강렬한 태양 빛을 피할 수 있어서 작물이 수분을 빼앗겨 마르는 것도 방지된다. 예를 들면, 아프리카 수단의 사헬 지역처럼 잦은 영양실조로 고통 받는 지역에서는 파이드허비아 알바이다Faidherbia albida 나무가 우거진 숲에서 재배되는 조와 수수의 수확량은 뙤약볕 아래에서 수확하는 양의 2~3배나 더 많다. 또한 농부들도 침입종이나 기생충을 예방하며 서로 상호 보완적으로 성장하여 경작지를 보호하는 나무와 보안 식물을 심어 살충제 살포를 줄일 수 있다.

나무는 작물과 축산도 보호할 수 있다. 밭의 가장자리에 심어 방풍의 역할을 하기도 하고, 물의 유출도 방지하며, 저지대와 계곡의 홍수 위험도 낮춘다. 태국의 맹그로브 해안에서는 열대 및 아열대 해안에서 자라는 나무숲 덕에 2004년 12월 26일 발생한 쓰나미로부터 도시 끄라비의 막대한 피해를 막았다. 나무숲이 제공하는 그늘과 증산작용은 지역의 기후 변동을 완화해 주는 역할을 하며, 혹서기가 찾아왔을 때는 가축들이 더위를 잠시 식힐 수 있는 피난처가 된다. 나무숲은 물이나 바람 때문에 발생할 수 있는 풍화와 침식을 막는다. 또한, 뿌리가 깊기 때문에 토양의 질산염을 회수하고 수질 오염을 방지하는 데에도 기여한다.

산림농업은 생물다양성을 보존하는 장점을 가지고 있다. 나무는 자연 생태계에서 중요하고 또 유용한 역할을 하는 무수한 곤충과 동물들(꿀벌, 수분 곤충들, 진딧물을 잡아먹는 무당벌레, 진박새 등)의 유구한 서식지다. 궁극적으로는 산림농업이 지구온난화를 막을 수 있는 방법이고, 지구의 생태 균형을 위한 핵심적인 역할을 수행한다. 나무는 대기 중 이산화탄소를 흡수하여 몸통과 가지, 잎, 뿌리

(식물성 바이오매스)를 생성하는 데 활용한 다음 산소를 대기로 내뿜는다. 5m² 면적에 심은 나무는 5톤의 이산화탄소를 흡수 및 저장한다. 나무에 갇힌 탄소는 낙엽이 지고 나뭇가지가 땅에 떨어진 후 부식토에서 다시 재활용된다.

농업 수확량, 생물다양성의 존중, 생태계 균형까지… 고대 시대부터 존재했던 산림농업은 미래를 위한 기술임에 틀림없다. 산림농업을 발전시키기 위해서는 농부들뿐만 아니라 정부에서도 나무는 농업에 방해가 되는 장애물이 아닌 신성한 자산이 될 수 있는 유익한 자원이라는 사실을 깨닫고 이를 활용해야 한다.

43

미래는 도시농업에
달려있을까?

　　오랫동안 다소 제한적인 일부 경험의 합으로만 여겨졌던 도시 농업에 대한 관심은 점점 더 높아지고 있다. 도시에서 더 큰 식량의 자율성을 달성하고자 협력의 관점에서 다양한 방식으로 움직이는 시민 단체의 활동이 증가하는 것도, '전환도시', '먹거리의 놀라움', '공유 정원' 등의 개념이 점점 더 많이 등장하는 것도 같은 이유에서다. 이러한 움직임은 사회적 연결과 환경 교육을 장려하고자하는 단체들이나 지역자치단체의 지원을 받는다. '건강하게 먹기', '함께 살기'의 가치를 결합하고, 실직자들이 저렴한 비용으로 음식을 구해 삶의 일부를 해결할 수 있도록 도와주고, 그들의 원예 경험을 이웃과 공유함으로써 일정한 존엄성을 되찾을 수 있도록 하는 것이다.

　　그러나 도시농업은 실제로 전원의 생활을 도시로 옮기는 것을 의미하지 않는다. 대부분의 경우, 도시에서 사용할 수 있는 남은 토지들, 예를 들어 산업폐허나 개인 또는 공공 정원, 지붕, 발코니, 테라스 등에서 경작하는 것이다. 이러한 틈새 공간(정원, 지붕, 발코니 테라스 등)은 파리처럼 인구가 밀집된 대도시보다는 런던처럼 '녹지'가 아직 남아있는 넓은 도시에서 훨씬 더 활성화 됐다.

도시농업은 주로 과일, 채소, 덩이줄기, 꽃, 아로마 식물 등 가정에서 많이 소비되는 식물이나 지역 주민들이나 유명 요리 셰프들에게 짧은 이동 거리로 식자재를 보급하는 것을 목표로 한다. 그러다 보니 채소 원예 재배나 양봉업, 양계산업을 하는 전문 농업인들의 수는 감소한다. 도시에서는 곡물, 사탕무, 유성 식물 재배는 거의 발견할 수 없다. 대규모 작물이나 축산은 여전히 그리고 앞으로도 넓은 토지를 가진 전문 농가의 영역이다. 그렇기 때문에 도시농업은 그 자체로 도시 식량을 공급한다고 주장할 수는 없다.

도시농업에서 사용할 수 있는 텃밭은 일반적으로 제한되어 있기 때문에, 작물 재배 시스템이 종종 헥타르당 매우 집약적일 수밖에 없다. 그러나 텃밭 주위는 인구가 과밀화 되어 있어서 합성 비료나 살충제 등 거주민들의 건강을 위협할 수 있는 화학물질은 사용할 수 없다. 따라서 도시농업에서 생산되는 작물은 비록 라벨이나 인증을 받지 않았더라도 유기농법으로 생산되는 경우가 대부분이다. 그렇다고 하더라도, 오래된 브라운필드에 작물을 심어 밭을 가꾸거나, 자동차 도로와 가까운 토지에는 중금속이 잔재할 수도 있기 때문에 주의해야 한다. 상대적으로 옥상에서 이루어지는 도시농업은 오염에 덜 노출될 수 있다.

본질적으로는 유기물이 토지를 비옥하게 만든다. 그러나 분뇨, 가금류의 배설물, 기타 가축의 오물을 쉽게 활용할 수 없는 탓에, 도시농업의 정원사들은 다양한 종류의 식물성 퇴비를 사용할 수밖에 없다. 예를 들면, 과일 껍질, 음식물 쓰레기, 커피 찌꺼기, 깎은 잔디풀, 가지치기로 얻은 잔가지가 있다. 도시농업에서 쓰이는 식물성 퇴비는 가정에서 발생하는 일반적인 쓰레기와 엄격하게 분류된다. 즉, 유기물로 쓰일 수 있는 쓰레기와 다른 종류의 쓰레기는 완벽하게 분류해야 한다.

지렁이 농법은 지렁이나 박테리아를 활용하여 음식물 찌꺼기나 기타 유기물 쓰레기를 모아 악취를 방출하지 않고 빠르게 대량으로 퇴비화 하는 방법이다. 이런 방식으로 도시인들은 나무, 플라스틱, 폴리스틸렌 등으로 나눈 작은 컨테이너 구획 안에서 1년 내내 폐기물을 재활용할 수 있다. 이렇게 하면 음식물 찌꺼기나 기타 유기물 쓰레기를 정기적으로 섞어주거나 움직일 필요가 없다. 지렁이 농법과 액체 비료는 정원에 뿌려지고 유기 비료를 구성하여 재배 식물과 빠르게 동화된다.

영구재배는 도시농업에서 점점 더 많이 사용되고 있는 유기 농업의 한 형태이다. 재배 식물이 매우 다른 형태로 토양의 가장 완전하고 영구적인 식물층을 보장하는 것이다. 넝쿨식물이나 덩굴식물들이 그 예다. 이를 위해서 생산자는 텃밭의 무수한 마이크로 생태계를 만들어야한다. 식물의 뿌리를 덮는 흙 위에 생리학적으로 다른 양상을 보이는 다른 형태의 작물과 함께 기르는 것이다.

양액재배는 아주 특별한 형태의 도시농업으로, 밀폐된 공간(지하실, 주차장, 컨테이너 등)이나 다양한 지지기반(암면, 코코넛 섬유 등)을 활용하여 토양을 사용하지 않고 인공조명 아래에서 재배하는 방법이다. 아이디어의 핵심은 '간략한 과정'으로 가정에서도 재배하는 것이다. 양액재배는 다양한 지지방법을 통과하는 물에 들어있는 미네랄 성분을 흡수하는 것으로 지지대를 비옥하게 만드는 것이 필요하다. 인공조명을 제공하고 물 공급을 보장하기 위해 양악 재배에 드는 전체 에너지의 비용은 엄청나기 때문에 이러한 유형의 농업이 더 널리 보급되지는 않았다.

노동집약적인 도시농업은 일자리를 창출하는 데 도움이 될 수 있는 혁신적인 농업 형태로, 실업률이 심각한 국가나 지역에서는 그리 나쁜 해결책은 아니다. 그러나 도시농업이 단독 재배 방식으로 미래에 확장되는 것은 예상하기 어렵다. 따라서 농촌 지역에서 이루어지는 대규모 농업이 도시농업으로 받게 될 위협은 전혀 존재하지 않는다. 그럼에도 불구하고, 이러한 지속적인 농업 방식의 혁신에서 영감을 얻어, 생물다양성을 파괴하고 있는 산업형 농업 관행의 변화는 필요하다.

44

많은 도시인들은 오존과 미세먼지로 오염된 도시를 벗어나 맑고 신선한 공기를 마시며 산책하고 자전거를 탈 수 있는 전원에서의 삶을 꿈꾼다. 시골에서 생활한다는 것은 도시의 스트레스와 소음 공해에서 벗어나 휴식 같은 삶을 산다는 것과도 같다. 많은 사람들은 시골의 낡은 농장을 직접 개조해야 한다고 하더라도 무섭게 치솟는 도시의 집세를 견디지 못하고 도시를 떠나야 했다.

그러나 농촌에서의 삶에 대한 환멸은 금세 찾아왔다. 특히 빵집, 정육점, 술집, 약국 등을 운영하던 소상인들이 떠난 자리에 이주해 온 사람들 사이에서 더욱 그랬다. 자가용이 없이는 잠깐 마트에 다녀오는 것조차 힘들었다. 도시에서 느끼던 스트레스는 이제 농촌에서의 고립과 교통의 불편함에 대한 스트레스로 바뀌었다. 프랑스에서는 수많은 농촌이 죽어가고 있다. 누구보다 먼저 농촌을 등진 사람들은 경쟁력을 잃은 농부들이었고, - 물론, 농장을 확장해서 토지 경작을 이어가는 농부도 있다 - 그 다음으로는 소상인들이었고, 곧이어 우체국과 학교도 문을 닫았다.

농촌의 깨끗한 공기에 대해서도 자세히 들여다보면 시골 하늘에 대한 환상이 와르르 무너진다. 원칙적으로는 강한 바람이 부는 날에는 농작물에 살충제를 살포하는 것이 금지되어 있지만 곰팡이나 작물을 상하게 만드는 해로운 벌레가 있을 경우에는 규칙에 어긋나지만 융통성을 발휘하여 약간의 사용은 허용한다. 각 지역에서 허용한 예외 적용에 따라 헬리콥터로도 살충제를 쉽게 살포할 수 있다. 가끔 작물에서 해충을 발견했을 때, 주위 사람들과 상의하지 않고 살충제를 바로 사용하는 농부들도 있다. 사과나무, 포도나무, 감자 등은 1년 동안 20배 이상 살충제 처리된다. 물론 농부들이야말로 살충제에 가장 많이 노출될 수 있겠지만, 최소한 이러한 작업을 위해서는 장갑, 마스크, 때로는 잠수복 같은 보호 장비를 입어 살충제로부터 스스로를 보호한다. 하지만 주위 사람들은 그렇지 않다. 살충제가 바람을 타고 집 창문을 통해 흘러 들어가지 않는다는 것을 누가 보장할 수 있을까? 살충제 살포가 선선하고 바람이 솔솔 부는 봄에 대부분 이루어지는데도 말이다.

농부들의 3대 사망 원인은 암, 심혈관 질환, 그리고 자살이다. 자살 발생률은 농업 분야에서 20~30% 더 높으며, 젖소 사육(브르타뉴, 노르망디) 및 소 도축(코레즈, 크뢰즈)이 빈번한 지역에서 과도한 부채에 시달리며 대출금을 상황하지 못하고 생산 경쟁을 하는 이웃 농장에 도움 요청도 못한 채 스스로 목숨을 끊는 경우가 많다. 프랑스 국립위생감찰연구소InVS는 농업인사회보장제도MSA의 지원을 받아 2010~2018년 사이 발생한 농민의 자살 건수를 이틀 단위로 조사한 결과였다! 경제적 어려움 이외에 나타나는 다른 요인으로는 제한된 생활 조건으로 인한 고립감으로, 즉, 일과 가정생활이

뒤얽혀 사회심리적 도움이 필요한 상태이다. 농업인사회보장제도는 최근 농업 직업군에서 생식기 장애와 전립선 암의 유병률이 증가하고 있다는 사실을 발견했지만 정확한 요인을 잡아내지는 못했다. 프랑스 국립보건의료연구소INSERM는 최근 분석에서 어린 아이들이 장기간 농약에 노출될 경우 내분비계의 교란을 일으키는 화학 물질 때문에 퇴행성 신경질환(파킨슨병, 알츠하이머, 다발성 경화증 등)의 위험성이 높아질 수 있으므로, 농촌 인구에게 각별한 주의를 기울일 것을 촉구했다. 또한 농약을 많이 사용하는 지역에서 성장하는 아이들은 선천적 기형이 발생할 위험이 증가할 수 있다고 밝혔다.

따라서 전원생활이 반드시 건강한 생활, 도시로부터의 단절, 평온함을 보장해주는 것은 아니며, 오히려 극적인 결과를 초래할 수 있는 모순점이 존재한다.

45

유기농 라벨을 믿어도 될까?

오랫동안 유기농은 농업 관련 산업과 중대형 마트에서 관심 받지 못한 품목이었다. 유기농 식품이 정복할 수 있는 시장이 나타나기 전까지는 말이다. 프랑스의 대형 유통업체 모노프리Monoprix는 2008년 유기농제품 판매 체인점 Naturalia를 인수했고, 3년 만에 매출이 무려 2배 이상 증가했다. 지금은 유기농제품의 절반 이상이 대형마트에서 판매되고 있다. 타이밍을 놓친 유통업체들이 한탄해야 할 일일까?

물론, 대형마트는 유기농제품을 로스리더 상품으로 삼고 산업형 농업에서 생산된 제품을 주로 판매하고 있다. 대형마트에서 판매되는 유기농제품들은 그렇다고 다른 제품들보다 덜 유기농이라는 것을 의미하지는 않는다. 프랑스에서는 인증마크인 AB와 유럽연합 인증마크인 녹색의 작은 나뭇잎이 그려진 것을 보고 유기농제품을 식별할 수 있다. 2가지 라벨은 동일한 품질을 가지며, 유기농 라벨이 붙은 모든 제품은 엄격한 인증 절차를 거치기 때문에 육류 생산을 추적 시스템보다 훨씬 더 신뢰할 수 있다.

그러나 아직 세계 모든 국가가 통일된 표준 라벨을 설정할 수 있는 국제 협약은 존재하지 않으며, 많은 소비자들이 비유럽 국가에서 수입한 유기농 제품의 품질에 대해 우려하고 있다. 1972년 파리에서 창설된 세계유기농업운동연맹IFOAM은 150개국에서 750명의 당사자들이 한 자리에 모여 유기농 제품의 품질과 라벨의 균형을 맞추기 위해 노력하고 있다. 그러나 열대 지방과 온대 기후에서 각각 생산되는 제품에 동일한 요구사항과 동일한 단어 및 학술용어를 적용하는 것은 상당히 민감한 작업이다.

유럽에서는 지난 2009년부터 유럽연합 내 모든 국가에 공통적으로 적용되는 유기농업에 관한 단일 규정이 마련되었다. 따라서 스페인이나 이탈리아에서 각각 수입되는 유기농 제품은 프랑스에서 생산되는 유기농 제품과 같은 등급이라고 할 수 있다.

관련 권력기관에서 승인한 인증기관(Agrocert, Ecocert, Certipaq, Certis, Certisud, Control Union, Qualité France, SGS 등)은 유럽연합 내 어느 곳에서든지 개입할 수 있다. 해당 인증기관들은 적어도 1년에 한번은 모든 유기농 생산 과정을 매우 엄격하게 점검한다. 예정된 검사도 있지만 불시에 진행하는 경우도 있다. 이 기관들은 유통 과정을 자유롭게 확인할 수 있고 스페인이나 프랑스에서처럼 오스트리아에서도 유기농 딸기가 생산될 때 올바른 과정을 거치고 유기농 제품이 갖추어야 할 항목을 완벽히 충족하는지 확인한다. 인증기관들은 서로 경쟁하기 때문에 안심할 수 있다. 엄격해야 할 인증 심사 과정에서 틈을 보이면 해당 정부의 신랄한 비난을 받고 그 명성을 위협받기 때문이다. 인증기관들은 생산자들로부터 수익을 얻고, 그 금액은 유기농 제품의 가격에 반영된다. 아르헨티나, 호주,

캐나다, 코스타리카, 미국, 인도, 일본, 뉴질랜드, 스위스, 튀니지는 이제 모두 유럽의 표준을 인정한다. 인증기관들이 위의 국가들에서도 검사를 진행하기 때문이다.

대규모의 유기농 제품의 항목을 작성하려면 많은 협상과 타협이 필요했다. 예를 들어, 동물에게 투여되는 치료약은 연간 1~3회의 대증요법(약물기반)의 수의학 치료로 승인되었지만 원래 프랑스에서는 동종요법의 치료만 승인되었었다. 마찬가지로, 유럽연합의 차원에서 동등한 등급을 나타내는 유기농 라벨은 해당 라벨이 붙은 제품을 생산한 농부가 자신의 농장에서 유기농 제품만을 생산했다는 것을 증명하는 것이 아니라, 일부분 유기농 작물을 생산했다는 것만을 나타낼 뿐이다. 따라서 오늘날 유기농을 먹고 자란 유기농 가금류는 같은 유기농 농장의 작물을 먹고 자랐는지 모른다.

유기농 제품을 인정하는 항목과 기준이 하향 수정되고 있다는 사실을 고려하면, 일부 생산자는 유럽의 공식적인 라벨보다 더 많은 사항을 요구하는 Demeter, Nature et Progrès, Bio Cohérence 등의 민간 인증기관으로 다시 규합했다. 이러한 행보는 충분히 이해할 수 있지만 일부 유기농업자들은 처음에는 좋은 취지에서 시작된 것이라고 하더라도 결국에는 비생산적일 수 있다고 지적한다. 실제로 인증 라벨이 남용되어 시장에서 소비자에게 혼란을 주고 있다.

유기농 라벨(프랑스 및 유럽연합 인증마크)이 과거에 비해 기준이 비교적 덜 까다로운 경향이 있고, 오늘날 일부 생산자들이 윤리적 측면보다는 경제적 이익을 위해 서로 규합하고 있지만 그래도 유기농 인증마크는 제품의 품질보장 차원에서 신뢰성이 높다.

46

유기농 제품이 저렴해지기 위해
무엇이 필요한가?

프랑스에서는 5년 전부터 유기농 또는 공정무역을 나타내는 라벨이 붙은 제품에 대한 연간 수요가 두 자릿수 이상 증가했다.

프랑스의 유기농업에서 생산된 제품의 공급이 더 이상 충분하지 않다는 것을 깨달은 대형 유통업체들은 유기농 제품을 외국에서 저렴한 가격에 대량 수입하고 있다. 보통의 서민인 소비자들은 더 저렴하고 접근성이 높으며 더 다양한(겨울철 판매되는 유기농 토마토는 마그레브 지역에서 수입한다) 유기농 제품으로 눈길을 돌리기 시작했다. 허나 이 모든 현상은 소비자의 수요를 충족시키기 위해 고군분투 하는 프랑스 생산업자들을 괴롭히고 있다. 또한 기차, 화물, 비행기 등의 운송수단으로 대량 수입하는 조건은 상당한 오염원을 배출하며 비교적 긴 운송시간은 식품의 영양가에도 영향을 미친다. 맛이 변질될 뿐만 아니라 영양적으로도 영양소가 파괴되고 부족해지기 때문이다.

따라서 'Made in France'의 유기농 제품이 대형마트의 유기농 제품보다 더 선호되어야 하겠지만, 문제는 가격이 비싸다는 것이다. 서민과 중산층에게 추가비용을 지불해가며 식습관을 바꾸라고 어떻게 요구할 수 있을까? 슬로우푸드, 농업농민유지협회AMAP와 같은 많은 소비자 단체 및 비정부기구들은 평균 장바구니 물가의 전체 비용을 높이지 않고 지역의 유기농 제품을 완벽하게 소비할 수 있다는 것을 보여주는 데 성공했다. 바로 우리의 식습관을 바꾸는 것이다. 예를 들어, 포화지방산이 풍부한 붉은 육류는 덜 소비하는 대신 섬유질이 풍부하고 값이 더 저렴한 마른 채소(병아리콩, 완두콩, 렌틸콩 등)를 더 섭취하는 것이다. 또는, 제철 과일이나 채소만을 구입하고 이동거리가 짧은, 즉 판매 중개자가 없거나 단 한 명의 중개자만 통하는 것이다. 농장에서 직접 구입하거나 AMAP 내의 주간 바구니 배달 등의 방법을 활용할 수 있다. 이는 친환경적일 뿐만 아니라 지역 경제를 더 활발하게 하고 구매 가격은 더 낮출 수 있다. 중개인이 적을수록 마진도 줄어든다.

이러한 모든 시민적 경험의 장점은 건강한 식습관을 가꾸고 환경을 존중하며 소비자가 지갑에 구멍이 뚫린 것처럼 돈을 지불하지 않아도 생산자에게 알맞은 보수를 안겨줄 수 있다는 것이다. 그러나 습관이라는 것이 소비자의 측면에서만 변화해서는 안 된다. 국가는 기계화 및 화학농업을 선택한 사람들보다 더 높은 강도로 작업하는 유기농 농부들에게 더욱 공정하게 지불할 수 있도록 노력해야 한다. 유기농 농부들은 수많은 환경 서비스를 제공하기 때문이다. 식물 바이오매스와 토양의 부식토에서 탄소를 추출하고, 생태계에 가장 유용한 곤충(벌, 무당벌레, 딱정벌레 등)들이 서식하는 밭의 가장자리에 생울타리를 설치하여 콩과 식물을 도입해 값비싼 화학 비료의 사용을 줄이고 작물의 순환재배를 활용하여 온실가스 배출도 막는다.

만일 농업 분야가 환경적으로 더 이로운 방향으로 발전하는 것을 원한다면, 개인의 차원에서 우리 모두에게는 기존과 다르게 소비해야 할 책임이 있다. 하지만 그것만으로는 충분하지 않다. 정치적으로 이 주제를 포착하여 적절한 대책을 마련하고 실천하는 것이 시급하다. 예를 들어 구내식당에서 유기농 라벨이 부착된 식품이 증가할 수 있도록 보조금을 지원하거나 유럽공동농업정책의 유기농 농부들에게 특정 원조의 방식으로 보조금을 재편성 및 분배하는 등의 제도로 유기농 농부들에게 환경적 기여에 대한 보상을 제공해야 한다.

47

GMO 재배는 농업발전을 어떻게 저해하고 있을까?

유전자변형작물은 헥타르당 잠재적인 수확량이 매우 높은 품종에 초점을 맞추어, 해충과 잡초에 취약한 것으로 밝혀진 식물의 고유 유전자를 선택적으로 변형시켜 이 문제를 해결하기 위해 만들어진 것이다.

GMO(유전자변형생물)가 발전하게 된 것은 농업경제학이라는 새로운 지평이 열렸기 때문이 아니다. 단순히 유전자를 한 생물종에서 다른 생물종으로 옮기는 혁신적인 기술의 결과이다. 서로 다른 식물 종 사이에서는 자연적인 교배나 수분이 일어날 수 없으며, 번식도 불가능하다. 유전자의 형질 전환을 통해서 우리는 자연의 한계를 극복하고 유전자를 미생물에서 식물로, 동물에서 식물로, 또는 그 반대로도 옮길 수 있다.

유전자변형작물은 이제 전 세계 경작지의 12% 이상을 차지하고 있다. 대부분 옥수수, 대두, 유채, 목화를 경작하며, 주로 아메리카 대륙 (미국, 브라질, 아르헨티나, 캐나다)에서 재배된다. 유전자변형작물은 중국, 인도 및 남아프리카에서도 상당히 증가했다. 유전자변형작물이 농부들의 관심을 끌게 된 것은 살충제 소비를 줄여,

결과적으로는 살충제를 대량으로 살포하는 데 필요한 비용을 줄일 수 있기 때문이었다.

유전자변형작물이 어떻게 기능하는지 더 쉽게 이해하기 위해서, 재배 작물을 뜯어 먹는 명충나방 애벌레에게 위협받는 옥수수 단일재배 농장의 사례를 살펴보자. GMO 옥수수는 나방 애벌레에 더 강한 저항성을 가질 수 있도록 유전자 변형된 작물이다. 'Bt'라는 독소를 분비하는 유전자를 주입하여 스스로 애벌레를 죽일 수 있다. 더 이상 곤충이 식물을 뜯어먹는 것이 아니라, 식물이 곤충을 없애버리는 것이니, 신기한 광경처럼 보일 수도 있다. 옥수수 잎과 열매에 침투한 이 독소가 동물의 사료에, 결과적으로는 우리의 밥상에까지 올라 인체 건강에 유해하다는 사실만 제외한다면 말이다.

그러나 일부 유전자변형작물(옥수수, 유채, 대두)은 광범위하게 살포되는 제초제, 예를 들면 토양의 물을 끌어내는 바이엘 사의 글리포세이트와 글루포시네이트에 대한 내성을 갖고 있다. 제초제는 작물의 줄기, 잎, 열매에 조금씩 축적되고 우리는 그것을 알지 못한 채 섭취한다. 실험쥐를 대상으로 연구한 최근 실험이 제초제의 유해성을 증명했다. 라운드업 제초제를 많이 사용하여 재배한 옥수수를 섭취하면 'Bt' 독소가 남아있는 유전자변형 옥수수보다 인체건강에 훨씬 더 해롭다는 것이다.

유전자변형작물은 이렇듯 제초제에 대한 저항성을 갖고 있기 때문에 오히려 제초제 살포가 더 방대하게 이루어질 수 있고, 농민과 주변 인구의 건강에 더욱 악영향을 미친다. 특히 글리포세이트가 일반적으로 활용되는 아르헨티나의 대두 농장과 그 주변 지역에서는 공기를 타고 배출된 글리포세이트에 수많은 사람들이 중독되어 (일부는 치명상을 입었다) 피해를 입은 기록도 남아있다.

제초제의 사용은 과거 작물을 순환재배 하던 때와는 달리 단일 재배가 주를 이루게 되면서 그 사용이 더욱 잦아졌다. 오래전부터 전해 내려온 순환재배를 실천한다면 제초제의 무분별한 사용도 피할 수 있으며, 단일재배 방식보다 훨씬 더 '지속 가능'하다. 사실상 제초제에 대한 내성이 점점 더 강해지는 잡초의 증식을 방지할 수 있기 때문이다. 예를 들어 브라질에서는 유전자변형 대두의 단일 재배로 알레프산 수수, 캐나다산 망초, 야생돼지풀을 포함한 글리포세이트 내성 잡초의 증식이 촉진된 바 있다. 또한, 농장에 피해를 주는 아시아 곰팡이가 농장 전체에 확산되기도 했다. 결국 살균제를 대량으로 판매할 수 있는 종자회사들만 이익을 보는 것이다.

Bt 독소를 분비할 수 있는 유전자변형 목화도 마찬가지이다. 이미 이 독소에 내성을 갖게 된 '돌연변이' 유충도 출현했다. 또 다시 새롭고 더 강력한 살충제를 사용해야만 제거할 수 있는 것이다!

따라서 유전자변형작물은 산업형 농업으로 발생한 문제에 대한 단기적인 해결책일 뿐이며, 근본적인 생태계의 불균형은 어떤 식으로도 해결하지 못한다. 오히려 문제를 더 악화시킬 뿐이다.

이런 상황에서 궁극적인 수혜자는 유전자변형종자, 제초제, 살충제, 살균제를 개발 및 판매하는 다국적기업들이다. 소비자, 농부, 환경에 해를 끼치며 모든 면에서 유일하게 경제적 이익을 창출하고 있다.

48 미래에는 곤충을 먹게 될까?

UN식량농업기구FAO는 2013년 5월에 발표한 보고서를 통해 곤충의 재배와 소비를 권장했다. 곤충이 전 세계 기근과 영양부족을 퇴치할 수 있는 해결방안이라고 여긴 것이다. 곤충은 특히 단백질, 식이섬유, 비타민, 미네랄이 풍부하기 때문이었다.

프랑스에서는 개구리와 달팽이 요리를 즐겨 먹는다. 평소 밖에서 조깅을 하다보면 벌어진 입 속으로 날아 들어오는 곤충 한두 마리를 자신도 모르는 사이 삼키게 되는 경우도 있다. 일부 고급 레스토랑에서는 새로운 맛을 추구하며 '유행'을 쫓는 소비자들과 미식가들의 입맛을 사로잡기 위해 곤충 요리를 제공하기도 하지만 곤충을 섭취하는 것은 여전히 매우 낯선 식문화다.

하지만 열대 지역에서는 약 20억 명의 사람들이 이미 딱정벌레, 애벌레, 벌, 개미, 귀뚜라미, 메뚜기 등을 먹고 있다. 고기나 생선을 쉽게 얻을 수 없는 사람들에게는 곡물과 줄기식물을 대체할 수 있는 완벽한 식재료나 다름없다. 곤충을 대규모로 양식하는 것은 물론이거니와 곤충재배를 본격적으로 시작하는 것도 현재로서는 쉽지 않은 일이기 때문에 대부분의 식용 곤충은 사냥이나 채집을 통해 얻어진다. 그러나 태국에서는 이미 귀뚜라미 같은 곤충 농장이 몇 군데 존재한다. FAO가 권고안을 공식화한 것도 태국 곤충 농장의 결과에 근거를 둔 것이었다. 바로 섭취할 수 있는 곤충을 1kg 얻는 데 필요한 사료는 2kg만 있으면 된다. 즉 공장식 축산업보다 생산성이 더 높다. 생산된 식품의 1톤당 필요 면적을 비교해보면, 메뚜기 재배는 소를 키우는 데 필요한 면적보다 12배나 더 적은 면적만 있으면 된다. 게다가, 반추 동물과 달리 곤충은 온실 가스를 거의 배출하지 않는다! 곤충을 재배하는 데에 비용이 많이 들지 않기 때문에, 상대적으로 식량이 부족한 지역의 사람들이 더 쉽게 활용할 수 있다.

유럽에서는 오랫동안 곤충 소비는 틈새시장에 불과했다. 많은 수의 소비자가 선택하는 음식까지는 아니더라도, 곤충 재배는 양식 어업에 쓰이는 사료를 만드는 데에도 쓰일 수 있다. 그리고 언젠가 패스트푸드점에서 파는 치킨너겟에 들어가는 닭고기를 일부 대체할 수도 있다!

따라서 곤충 소비 혹은 '식용 곤충'은 선진국에서보다는 개발도상국의 미래 식량이 될 수 있을 것으로 보인다. 곤충은 어떤 사람들에게는 유행 같은 새로운 요리 재료이자, 전 세계에서 가장 빈곤한 사람들에게는 진정한 기회의 식량이다.

49

장수의 비결 해조류,
어떻게 즐길 수 있을까?

일본인들은 아주 오래전부터 해조류를 즐겨 먹었고, 아마도 이러한 식습관은 일본인들의 높은 기대수명(평균 83.8세로, 프랑스는 82.4년, 미국은 78.1년이다)을 설명할 수 있을 것이다. 중국인들은 5세기 이후부터 해조류를 재배하고 또 섭취했다. 그럴만한 이유가 있다. '바다의 채소'라고 불리는 해조류는 단백질, 요오드, 비타민, 미네랄 성분(칼슘, 마그네슘, 철분 및 미량원소), 항산화물질이 풍부하다. 암으로부터 우리를 보호하고, 건강수명을 높이기에 충분히 적합한 재료다! 스피루리나와 같은 비타민 B12가 들어있는 희귀 해조류는 채식주의자의 영양결핍을 보완할 수 있는 완전식품이다. 스피루리나에 들어있는 단백질은 완전한 것으로 밝혀졌다. 콩과 유사하게, 인간이 몸에서 스스로 만들어내지 못하고 또 모든 식물에 들어있지는 않은, 거의 모든 '필수' 아미노산을 제공한다.

프랑스에서는 24종의 식용 해조류가 소비 허가를 받았다. 하지만 아직 프랑스인들의 식탁에서는 찾아보기 어렵다. 현재까지 프랑스에서 해조류는 화장품 제조 성분으로 주로 사용되었다. 20세기 중반부터 해조류의 영양적 가치에 대해 인식하기 시작했고, 한천 및 카라기난과 같은 식품 첨가물을 제조할 때 사용하고 있다. 한천과 카라기난은 칼로리가 낮고 지방은 없는 첨가제로, 소스나 스프레드를 만들 때 점도를 높이거나 겔화제로 사용되며 팜유를 대체할 수 있는 훌륭한 재료다.

식용 해조류는 영양가가 높을 뿐만 아니라, 값도 저렴하고 맛도 좋다. 그래서 최근에는 레스토랑 셰프들의 관심 재료로 부상했다. 브르타뉴 해안에서 생산된 김은 일식당에서 주로 소비된다. 스시와 함께 먹으면 특유의 짭짤한 맛이 느껴진다. 바다의 양상추라고도 불리는 파래는 양상추처럼 녹색 빛을 띠며 풍미 가득한 맛이 난다. 농어, 아귀, 가자미, 연어의 맛을 더 향상시킬 수 있는 샐러드 등의 에피타이저로 제공된다. 게다가 오렌지보다 비타민 C가 최대 8배 더 풍부하다! 생말로Saint-Malo 주변에서 재배되는 해조류인 미역은 '바다의 고사리'라고도 불리며, 굴과 비슷한 맛이 난다. 부드러운 생선과 함께 샐러드나 국으로 만들어 제공된다. 5~9월까지 프랑스 해변에서 수확한 갈조류인 다시마는 요리하기 쉽고, 다시마를 우려내어 '미소 된장국'으로 식사에 곁들일 수 있게 제공된다. 해변이나 바위에 펼쳐진 기다란 녹색의 줄처럼 생긴 해초는 해산물 파스타 면을 대신해 색다른 스파게티로 서비스 된다. 붉은색의 반투명한 빛의 바다 조류인 '덜스'를 칩 형태로 만든 에피타이저는 오독한 식감과 바다내음 가득한 풍미를 느낄 수 있다.

건강과 맛을 모두 얻을 수 있는 해조류를 식탁 위에 올릴 수 있는 모든 방법이 여기 있으니, 즐겨보라!

50

'슬로우푸드', 일시적인 유행일까?

언론에서 '슬로우푸드'에 관한 이야기를 자주 들어보았을 것이다. 프랑스인의 식탁에서 육류와 유제품이 차지하는 비율은 2007년 이후 꾸준히 감소하고 있다. 점점 더 많은 프랑스인들이 '유연한 채식주의자'를 선언했고, 이 단어는 사전에 추가되기도 했다. 많은 가정에서 동물성 단백질을 소비하는 대신 식물성 단백질로 대체하려는 움직임이 일고 있다. 가금류를 제외한 육류 제품의 소비는 줄고, 콩과 건채소의 비중이 증가했다. 이것이 전부가 아니다. 최근 프랑스에서는 통밀빵, 렌틸콩 칩, 퀴노아 타불레, 병아리콩으로 만든 마요네즈, 해초 파스타, 카멜리나 오일, 스피루리나 허브차 등의 소비도 증가했다! 프랑스에서 유기농 라벨이 붙은 제품의 연간 구매 증가율만 보아도, 5년 넘게 두 자릿수를 기록했으며, 대형 광고판에서도 유기농 식품 광고를 자주 내보내고 있다. '자연'은 이제 우리 사회에서 더 높은 관심을 받으며 성장하는 가치가 되었다. 슬로우푸드, 즉 '천천히', 건강하게, 균형 잡힌 식단과 음식이 트렌드가 될 것이다.

하지만 한 번 생각해 볼 필요가 있다. 프랑스의 생활조건연구센터CRÉDOC에 따르면, 1인당 하루 육류 소비(슬로우푸드의 가치 중 하나)는 2007~2016년 사이 12%밖에 감소하지 않았고, 이러한 감소세는 관리자나 자유직업 종사자들 사이에서 관찰되었다. 직장인들의 점심식사는 빨리 먹고 돌아가 업무를 보아야 하기 때문에 여전히 극도로 간편한 식사를 추구한다. 패스트푸드점의 인기는 날로 상승하고 있고, 전자레인지에 데워 먹기만 하면 되는 레토르트 식품의 구매도 계속 증가하고 있다. 중고등학교나 대학의 학생식당에서 아이들이 먹는 음식 메뉴에 채식과 유기농을 추가할 것을 요구하는 부모들은 결코 서민층이 아니다. 왜냐하면 식단을 그렇게 변경할 경우, 일일 식사비용이 크게 증가할 것이기 때문이다. 2018년 CRÉDOC에서 식품 산업계의 대기업 몬델리즈 인터내셔널Mondelez International에 제공하기 위해 수행한 조사에 따르면, 식사 간 간식 섭취의 비율이 점차 증가하는 것으로 나타났다. 프랑스인의 38%는 간식을 매일 적어도 한 번, 25%는 매일 두세 번 먹는다고 한다. 한편, 에너지음료는 과체중과 비만의 비율이 급증하는 서민층의 청년들에게서 판매율이 높다.

결국 식습관은 우리의 소득과 근로조건에 의해 매우 큰 영향을 받는다. 많은 농식품 기업들은 표준 제품을 위한 새로운 판매 전략에 눈을 돌리고 있다. 팜유가 많이 들어있는 달콤한 초콜릿을 계산대에서 돈을 내기 전 아이들의 눈높이에 진열해두는 것이다!

그러나 더 나은 영양교육을 위해 당국이 노력한 결과는 무시할 만한 수준은 아니다. 프랑스의 국가영양 및 건강계획PNSS의 최근 권고사항은 수십 년 전부터 건강한 식단의 기초로 강조되어 온 '매일 5가지 과일과 채소 섭취하기'를 훨씬 뛰어 넘는다. 글루텐, 설탕, 소금, 포화지방산 함량이 너무 높은 식품을 섭취할 경우 발생할 수 있는 위험성에 대해 지적한 식이 및 의학 관련 전문 저널의 배포도 증가하고 있다. 환경과 소비자를 보호하기 위해 목소리를 높이는 시민 단체들도 식품윤리의 가치증진과 프랑스의 식도락을 향상하기 위해 노력하고 있다. 프랑스 동물보호권리기구 L214의 활동가들이 가축의 도축장에서 촬영한 다큐멘터리 영상도 점점 더 많은 관심을 받고 있다.

동물들이 받는 고통과 인체의 건강, 자연 환경에 관한 문제에 대해 경각심을 갖게 되면서부터 점점 더 많은 프랑스인들이 식습관을 바꾸고 있다. 균형 잡힌 유기농 식품을 먹기 위해 노력하고, 식품사회학에서 발표한 최근 연구에서 입증된 바와 같이 육류는 적게, 건채소는 더 많이 소비하려 노력한다. '슬로우푸드'에 대한 프랑스인의 높은 관심을 보여주는 또 다른 증거는 Yuka 같은 모바일 애플리케이션을 활용하여 마트에 진열된 상품의 바코드를 찍어 식품의 영양정보를 바로 검색하는 사람들이 많아졌다는 것이다. 2019년 1월 출시된 지 2년 만에 프랑스의 Yuka 사용자는 벌써 800만을 넘었다.

따라서 값이 저렴하고 품질이 낮은 식품을 빨리 먹으려는 소비자들이 여전히 많이 있지만 그럼에도 불구하고 '슬로우푸드' 트랜드가 점차 확산되고 있는 것만큼은 분명하다.

모든 제자들을 비롯하여, 강연에 참석해
생태학과 농업, 그리고 우리가 먹는 식품에 대해
많은 질문을 던져 주신 모든 분들께 감사드립니다.
여러분이 있었기에 이 주제가 지닌
교육적 노력의 가치를 헤아릴 수 있었습니다.
이 책을 쓰는 동안 제가 명확한 답을 제시할 수 있도록 격려해준
Louise Giovannangeli에게도 감사의 말을 전합니다.